유기농정원 핸드북

# 벌레가 살고 있는
# 유기농정원 만들기

ORGANIC GARDEN HANDBOOK

Hikichi Garden Service | 번역·감수 김현정

Green Home

● PROLOGUE

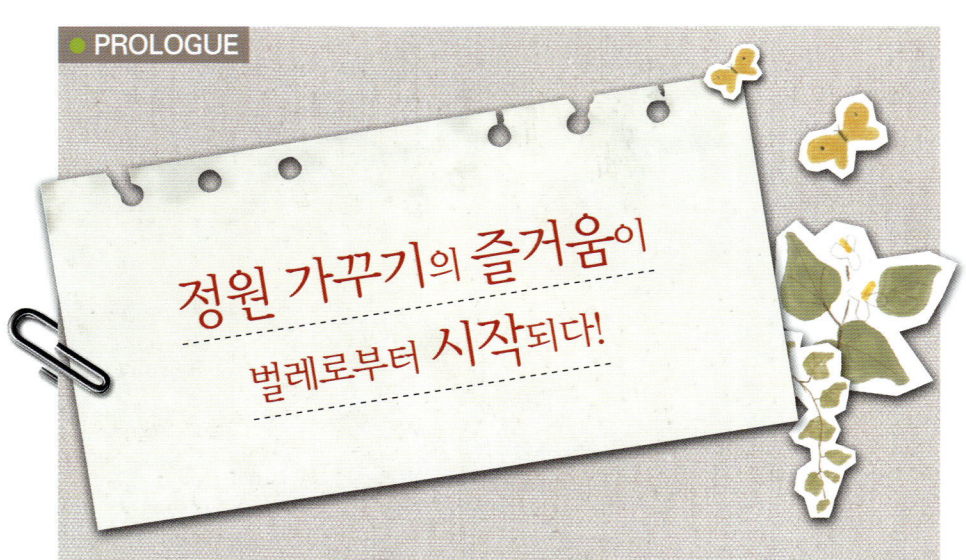

정원 가꾸기의 즐거움이
벌레로부터 시작되다!

초록빛 자연은 즐기고 싶지만 벌레는 싫어!

이 책을 손에 든 당신도 이런 사람 아닌가요? 그리고 정원에서 벌레를 발견하면 살충제를 사용해야 한다고 생각하지는 않나요?

나도 벌레를 매우 싫어해서 어릴 때부터 만진 적도, 자세히 들여다본 적도 없고, 정원사가 될 때까지 벌레와 눈을 맞춰본 적도 없었다. 이런 내가 정원사가 되고, 그것도 **무농약으로 정원을 가꾸기로 결심**을 했으니 이거 참 큰 일이다! 처음에는 벌한테 쏘이고, 차독나방 때문에 생긴 가려움증에 기절할 정도였고, 개미를 보고 있으면 기분이 나빠지는 등 정말 심각한 상황이었다.

그러나 무농약으로 정원 가꾸는 일을 계속하기 위해서는 '적'이라고 생각했던 벌레들에 대해 조사하거나 관찰할 수밖에 없었다. 그런데 그렇게 **벌레에 대해 알게 되면 알게 될수록 그 흥미로운 세계에 빠져들어** 식물만 보고 있을 때보다 정원 일이 훨씬 더 즐거워졌다. 이때부터 나는 정원 일의 진정한 즐거움에 빠져들게 되었다.

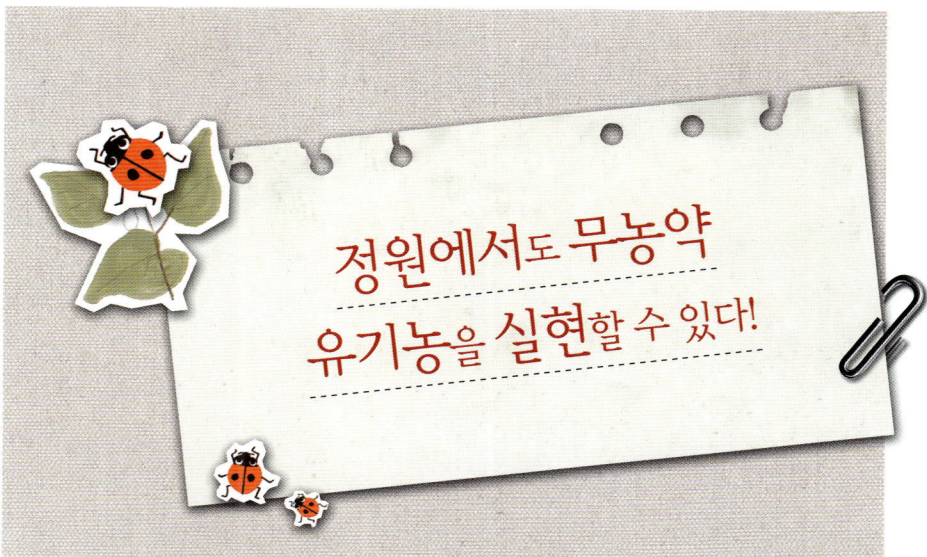

# 정원에서도 무농약 유기농을 실현할 수 있다!

농약 사용을 중지하면 처음에는 원래대로 돌아가려는 현상이 일어나, 일시적으로 '해충'으로 취급되는 벌레들이 대량 발생할지도 모른다. 하지만 끈기 있게 계속하다 보면 땅도 건강해지고 천적도 점점 늘어난다.

그렇게 오랜 기간 무농약으로 정원을 관리하면 벌레나 새가 점점 정원으로 돌아와 살아 있는 생물이 넘치는 유기농 정원이 된다.

이 책은 살충제 등의 농약에 의존하지 않고, 건강하게 그리고 안심하고 정원을 가꿀 수 있도록 '벌레를 구별하는 능력'을 길러주는 가이드북이다. 서점의 원예코너에 즐비하게 꽂혀 있는 병해충 대책을 위한 책과는 달리, 벌레를 전멸시키는 게 목적인 책이 아니다. 벌레와 식물의 관계, 포식관계, 생태계 속에서 벌레와 다양한 생물의 관계를 알기 쉽게 해설한 책이면서, 벌레에 대처하는 방법도 다루고 있다.

정원을 가꾸는 일에는 곤충연구가와 같은 지식은 필요하지 않기 때문에 각 벌레의 구체적인 이름까지는 밝히지 않은 경우도 있다.

예를 들어, 진딧물은 한국에서도 300종류 이상이 확인되고 있지만 복숭아혹진딧물, 목화진딧물, 자두둥글밑진딧물 등의 구체적인 이름까지는 몰라도 진딧물 종류라는 것, 식물의 잎이나 줄기에서 즙액을 빨아먹는다는 것을 아는 것만으로도 충분하다.

마찬가지로 노린재의 한 종류라는 것을 알고, 육식성인지 초식성인지 정도만 알면 되므로 가벼운 마음으로 벌레들을 대하기 바란다.

그리고 도저히 모르는 경우나 자신이 없을 때에는 다른 도감이나 벌레에 관한 책을 찾아보면 즐거움이 더 커진다.

이 책에는 도감에서는 취급하지 않는 종류의 벌레도 들어 있다. 실은 그러한 벌레들이 정원에서는 아주 중요한 역할을 하고 있기 때문이다.

또한, 이 책에 게재한 대부분의 벌레 사진은 우리들의 일터인 정원에서 찍은 사진들이다.

무농약으로 정원을 관리하기 위해 특별히 어려운 기술은 필요하지 않다. 열심히 관찰해서 벌레에 대해 아는 것, 그리고 실천하는 것뿐이다. 작은 정원도 알고 보면 신비로운 세계이다.

아무쪼록 여러분이 이 책을 참고하여 다양한 생물이 가득한, 풍요로운 정원을 만들기 바란다.

벌레의 이름이나 생태에 대해 알게 되면 정원 가꾸기가 점점 더 즐거워질 것이다.

---

* 이 책에는 일본고유종의 벌레와 식물이 나오는데, 한국에서 찾을 수 없는 종류들은 학명을 그대로 소개하였다.

ORGANIC GARDEN HANDBOOK

## ● CONTENTS

- ● PROLOGUE   2
- ● 한눈에 보기_ 벌레는 정원의 이런 곳에 있다!   8
- ● 한눈에 찾기_ 색이나 모양으로 벌레의 이름을 찾아보자!   10
- ● 일러두기   12
- ● INDEX _ 벌레   144
  _ 식물·병명   148
- ● EPILOGUE   150

### Part 1 유기농 정원이란

저자가 생각하는 유기농 정원에 대해 소개하였다.
무농약으로 정원을 가꾸기 위해 알아두어야 할 기초적인 내용을 다루었다.

- 14   유기농 정원이란?
- 14   유기농 정원과 생태계
- 17   정원의 벌레들이 본 자연
- 18   용어 해설
- 21   벌레 피해를 대처하는 방법
- 23   유기농 농약 만드는 법, 사용하는 법

- 24   유기농 농약을 만들기 전에
- 24   마늘 목초액
- 24   마늘 참기름제
- 25   콤포스트 티(Compost tea)
- 26   식초
- 27   초목회
- 27   해초 엑기스
- 27   쇠뜨기 스프레이
- 28   커피
- 28   약모밀 멀칭
- 28   사용하지 않았으면 하는 니코틴 스프레이
- 28   식물을 이용한 대처법

- 28   잡초
- 29   공영식물 (Companion Plants)
- 29   천적유지식물 (Banker Plants)

## Part 2 정원의 벌레

흔히 볼 수 있는 벌레를 중심으로 서식장소와 발생시기, 먹이, 대처법 등을 소개하였다. 정원에 벌레가 있어도 당황하지 말고 우선 어떤 벌레인지 알아보자. 겉모습은 징그러워도 진딧물을 잡아먹는 고마운 벌레인지도 모른다.

| | | | |
|---|---|---|---|
| 32 | 무당벌레 | 80 | 파충류·양서류 |
| 34 | 칠성무당벌레 | 82 | 새 |
| 36 | 네점가슴무당벌레 | 86 | 진딧물류 |
| 36 | 노랑무당벌레 | 91 | 깍지벌레류 |
| 38 | 끝노랑애기무당벌레 | 94 | 차독나방 |
| 38 | 꼬마남생이무당벌레 | 98 | 쐐기나방류 |
| 40 | 베달리아무당벌레 | 100 | 미국흰불나방 |
| 41 | 큰이십팔점박이무당벌레 | 102 | 호랑나비 |
| 42 | 홍점박이무당벌레 | 104 | 산호랑나비 |
| 43 | 애홍점박이무당벌레 | 105 | 남방제비나비 |
| 44 | 남생이무당벌레 | 107 | 배추흰나비 |
| 44 | 꽃등에류 | 109 | 먹무늬재주나방 |
| 46 | 풀잠자리류 | 111 | 회양목명나방 |
| 48 | 쌍살벌류 | 112 | 자벌레(자나방류) |
| 51 | 말벌류 | 112 | 거염벌레(도둑나방류) |
| 53 | 사냥벌류 | 114 | 주머니나방의 유충 (주머니나방류) |
| 55 | 꽃벌류 | 116 | 줄녹색박각시 |
| 57 | 기생벌 | 118 | 선녀벌레 |
| 57 | 그 외의 벌 | 120 | 끝검은말매미충 |
| 59 | 거미류 | 122 | 하늘소류 |
| 63 | 개미류 | 124 | 노린재류 |
| 67 | 흰개미류 | 126 | 달팽이류 |
| 70 | 노래기류 | 128 | 민달팽이 |
| 71 | 공벌레류 | 130 | 거품벌레류 |
| 72 | 쥐며느리 | 132 | 극동등에잎벌 |
| 73 | 그리마류 | 134 | 장미에 붙는 잎벌류 |
| 74 | 지네류 | 136 | 진달래방패벌레 |
| 76 | 사마귀류 | 138 | 잎말이벌레(잎말이나방류) |
| 78 | 북방보라금풍뎅이 | 139 | 참긴더듬이잎벌레 |
| 78 | 넓적송장벌레(국내미기록) | | |

## Column 칼럼

유기농으로 정원을 가꾸고 싶은 사람들을 위하여
벌레에 대한 기본 지식이나 새로운 정보를 소개하였다.

- 34 무당벌레의 작전
- 36 흰가루병
- 40 큰이십팔점박이무당벌레와 닮은 벌레
- 42 무당잎벌레
- 46 우담바라
- 50 쌍살벌을 만났을 때
- 50 큰뱀허물쌍살벌
- 51 말벌류 vs 꿀벌
- 52 겨울잠을 자는 장수말벌
- 53 전봇대의 구멍을 막은 벌
- 57 10년 다이어리에 정원 관찰 기록을 남기자
- 58 진디고치벌
- 60 거미줄의 종류
- 60 거미집은 천연방충망
- 63 개미가 기르는 담흑부전나비 유충
- 66 게으른 개미
- 66 개미를 부르는 벚나무
- 68 흰개미가 늘어나는 이유
- 70 신기한 모습의 노래기
- 75 지네한테 물렸다!
- 76 사마귀류와 철선충류
- 79 식물의 기분
- 82 누가 유충을 잡아먹는 것일까?
- 85 박새의 둥지 떠나기
- 87 진딧물은 어디에서 나타나는 걸까?
- 87 개미와 진딧물
- 88 진딧물은 대피소도 만든다!?
- 93 도움이 되는 깍지벌레
- 94 차독나방을 잡아먹는 새
- 97 독이 있는 털을 가진 유충
- 101 일본 새의 입맛에 맞게 변한 벌레
- 101 여러 가지 장미과 나무
- 102 감귤류는 북풍과 석양빛을 싫어한다
- 103 호랑나비에 기생하는 맵시벌
- 106 호랑나비류의 뿔 냄새
- 107 성충이 되는 것은 0.2%
- 108 복제 나무
- 120 벌레를 죽이는 일
- 121 벚나무를 자르는 바보
- 124 소나무재선충병
- 126 오른쪽 감기와 왼쪽 감기
- 131 비누를 만드는 벌레
- 140 자연농약을 사용하는 정원사로부터 온 편지

● 한눈에 보기

# 벌레는 정원의 이런 곳에 있다!

- 발생빈도가 높거나 먹는 식물이 확실한 벌레는 구체적인 이름을 적었다.
- 벌레의 이름이 없다고 해서 그 나무에 벌레가 생기지 않는 것은 아니다.
- 이 책에 소개하는 벌레만 적었다.

**침엽수(바늘잎나무)**
소나무, 나한송,
화백나무, 향나무 등

**감귤류**
호랑나비 P.102
남방제비나비 P.105

**낙엽교목(갈잎큰키나무)**
벚나무_ 먹무늬재주나방 P.109
단풍나무_ 노랑쐐기나방 P.98
노각나무_ 차독나방 P.94
느티나무 등

**산울타리**
구골목서_ 무당잎벌레 P.42
아왜나무_ 참긴더듬이잎벌레 P.139
회양목_ 회양목명나방 P.111

**상록관목(늘푸른떨기나무)**
치자나무_ 줄녹색박각시 P.116
만병초, 영산홍_ 극동등에잎벌 P.132
진달래방패벌레 P.136

**허브류**
파슬리, 딜_ 산호랑나비 P.104

**수반**

**높은 화단 (Raised Bed)**

**모종 기르는 상자**

**화초**
칠성무당벌레 P.34
꽃등에 성충 P.44
꽃벌류 P.55
진딧물류 P.86
거염벌레 P.112
달팽이류 P.126
민달팽이 P.128

**땅 위 부근**
개미류 P.63
흰개미류 P.67
노래기류 P.70
공벌레류 P.71
쥐며느리 P.72
그리마류 P.73
지네류 P.74

**배추과 채소**
배추흰나비 P.107

● 한눈에 찾기

# 색이나 모양으로 벌레의 이름을 찾아보자!

무당벌레 유충 _ p32, 33

무당벌레 성충 _ p32, 33, 89

칠성무당벌레 유충 _ p34, 35

칠성무당벌레 성충 _ p34, 34

네점가슴무당벌레 성충 _ p36, 37

노랑무당벌레 성충 _ p36, 37

끝노랑애기무당벌레 유충 _ p38, 39

꼬마남생이무당벌레 유충 _ p38, 39

꼬마남생이무당벌레 성충 _ p38, 39

베달리아무당벌레 성충 _ p40, 40

채식성 무당벌레 *Epilachna admirabilis* _ p41, 41

*Henosepilachna yasutomii* 東京西郊型 성충 _ p41, 41

홍점박이무당벌레 성충 _ p42, 43

애홍점박이무당벌레 성충 _ p43, 43

남생이무당벌레 성충 _ p44, 44

꽃등에 유충 _ p44, 45

꽃등에 성충 _ p44, 45

풀잠자리 알 _ p46, 47

풀잠자리 유충 _ p46, 47

풀잠자리 성충 _ p46, 47

쌍살벌 _ p48, 49

말벌류의 벌집 _ p51, 52

호리병벌의 벌집 _ p53, 54

호리병벌류의 벌집 _ p53, 54

일본 나나니 _ p53, 54

어리뒤영벌 _ p55, 56

좀뒤영벌 _ p55, 56

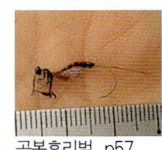
곤봉호리벌 _ p57, 58

맵시벌의 탈출구멍 _ p57, 103

무당거미 _ p59, 61

호랑거미 _ p59, 61

산왕거미 _ p59, 61

꽃게거미 _ p59, 62

손짓거미 _ p59, 62

흰개미류 _ p67, 69

● 벌레 이름은 학술적인 이름이 아니라 일반적으로 많이 불리는 이름을 사용하였다. 단, 무당벌레와 나비는 정원에서 자주 볼 수 있으므로 학술적 이름을 소개하였다. 검은색으로 표시한 페이지는 해설 페이지, 파란색으로 표시한 페이지는 사진 페이지이다. 단, 우리나라에서는 발견되지 않는 벌레는 학명을 그대로 사용하였다.

노래기류_ p70, 70

공벌레_ p71, 71

쥐며느리_ p72, 72

그리마류_ p73, 73

지네류_ p74, 75

사마귀류 알주머니_ p76, 77

북방보라금풍뎅이_ p78, 79

넓은송장벌레(국내미기록) 유충_ p78, 79

도마뱀붙이_ p80, 80

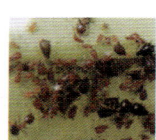
진딧물류_ p86, 88

깍지벌레류_ p91, 92

차독나방 유충_ p94, 95

쐐기나방류_ p98, 99

미국흰불나방 유충_ p100, 100

호랑나비유충_ p102, 103

산호랑나비 유충_ p104, 104

남방제비나비 유충_ p105, 105

배추흰나비 유충_ p107, 108

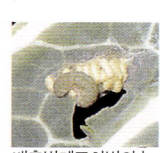
배추벌레고치벌의 누에_ p107, 108

먹무늬재주나방 유충_ p109, 110

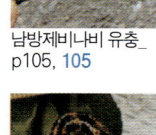
회양목명나방 유충_ p111, 111

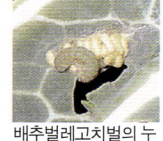
자벌레_ p112, 113

거염벌레_ p112, 113

주머니나방의 유충_ p114, 115

줄녹색박각시 유충_ p116, 117

선녀벌레 유충_ p118, 119

끝검은말매미충 성충_ p120, 121

하늘소류_ p122, 123

노린재류_ p124, 125

민달팽이_ p128, 129

거품벌레류의 거품집_ p130, 131

극동등에잎벌유충_ p132, 133

진달래방패벌레 성충_ p136, 136

잎말이벌레의 피해_ p138, 138

참긴더듬이잎벌레 유충_ p139, 140

11

## 일러두기

- 이 책은 정원에서 벌레가 어떤 역할을 하는지, 어떻게 벌레에 대처해야 하는지를 중심으로 설명하였다.
- 〈유기농 정원이란〉은 기초편으로 생태계 이야기, 유기농 농약(자연농약) 등 유기농 정원에 필요한 기초지식을 정리하였다.
- 〈정원의 벌레〉에서는 정원에서 자주 발견하는 벌레 59종을 실었다. 그 외 사진만 소개한 벌레도 있다.
- 정원 가꾸기에서는 곤충연구가와 같은 전문지식은 필요하지 않으므로 각 벌레의 구체적인 이름까지는 밝히지 않은 경우도 있다. 또한, 학술적인 표기보다는 일반적으로 불리는 이름을 우선 사용하였다.
- 벌레가 생기는 상황이나 대처하는 방법은 일본 관동지방을 기준으로 하였다. 지역이나 연도에 따라 발생하는 시기가 다르거나, 거의 발생하지 않는 경우도 있다. 그렇기 때문에 한국에 없는 벌레는 학명으로 표시하였다.
- 각각의 벌레에 대한 설명 전에, 발생하는 장소, 발생시기, 먹이, 천적 등의 데이터를 기재하였다. 이것은 어디까지나 참고로 하기 바란다.
- 벌레에 대한 설명 후에 컬러사진을 실어 사진만을 보고도 벌레에 대해 알 수 있도록 간단한 설명을 적었다.
- 벌레의 색이나 모습으로도 찾아볼 수 있게 벌레의 사진색인을 실었다. (p.10~11)

> 정원에서 벌레를 발견하면
> - 이름을 안다 → 목차나 책 마지막 부분의 색인에서 해당 페이지를 찾아본다.
> - 이름을 모른다→ p.10~11의 사진 색인에서 비슷한 벌레를 찾아본다.
>       → 벌레가 생긴 식물을 책 마지막 부분의 색인에서 찾아본다.

### 용어에 대하여

- 이 책에서는 병과 해충이라는 의미의 '병해충'이라는 용어를 사용하지 않고, 병과 벌레에 의해 생기는 피해라는 의미를 포함한 '병충해'라는 용어를 사용하였다.
- 벌레들은 각각 사는 곳이 다르고, 새끼를 남겨서 자연에 살아남으려고 하는 것이지 사람을 곤란하게 하려고 식물을 갉아먹는 것은 아니다. 그러므로 생태계에서 '익충', '해충'이라는 개념은 없다. 그래서 이 책에서는 일반적으로 그렇게 불려야 하는 경우에만 '익충', '해충'이라는 단어를 사용하였다.
- 어떤 생물에서나 자신을 포식(捕食)하는 상대방을 '천적'이라고 부른다. 생태계에서 '익충', '해충'이라는 개념은 없지만 '천적'이라는 개념은 있다.
- 자연 농약은 유기농 농약으로, 화학합성 농약은 농약으로 표기하였다.

# CHAPTER 1
# 유기농 정원이란

유기농 정원에 대해 소개한다.
무농약으로 정원을 가꾸기 위해 알아야 할 기초적인 내용을 소개한다.

# 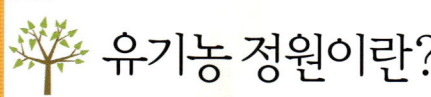 유기농 정원이란?

자, 유기농 정원을 만들어 보자!
그런데 유기농 정원이 뭐지?
이런 소박한 의문을 가진 사람이 많을 것이다.
무농약이기만 하면 유기농 정원일까?
사람이 손을 대지 않고 식물을 그냥 방치해 두기만 하면 유기농 정원일까?
겉모습보다는 환경을 중시하는 것일까?
유기농 정원이란 언제나 내 곁에 두고 싶은 또 다른 삶의 터전이어야 한다. 그러기 위해서는 안전하고 안심할 수 있는 곳이어야 하며, 사용하기 편리하게 디자인한 곳, 안락함이 있는 곳, 여러 가지 방법으로 즐길 수 있는 곳, 사람도 자연의 일부라고 느낄 수 있는 곳이어야 한다.
식물이 있으면 벌레가 있는 것은 자연스러운 일이다. 정원은 식물을 사랑하면서 동시에 다양한 생물이 살아 숨쉬는 장소여야 한다. 식물과 다른 생물의 연결관계를 중요하게 생각하면 유기적인 생물의 연결이 보이게 된다. 그러므로 생명의 연결을 끊어버리는 농약이나 화학비료를 사용하지 않고, 안심할 수 있는 안전한 정원 가꾸기를 즐기기 바란다.
빗물을 저장해서 이용하거나, 음식물쓰레기를 퇴비로 이용하고, 채소나 과일을 심어서 작은 순환을 만드는 등, 아무리 작은 일이라도 유기적인 연결을 중요시하면 그것이 바로 환경을 지키는 일로 이어진다.
그렇게 사람과 자연을 연결하는 마법의 장소……, 그것이 우리들이 생각하는 유기농 정원이다.

#  유기농 정원과 생태계

아무리 작은 정원이라 하더라도 그곳은 다양한 생물이 사는 세계이다. 지렁이나 공벌레 등 흙을 만드는 분해자, 생산자인 식물, 그 식물을 먹는 벌레(이른바 '해충'이라고 부르는 벌레), 육식성 벌레나 작은 동물, 그리고 몸집이 큰 포유류나 맹수류 등에 의해 생태계가 만들어지고 자연계가 이루어진다. 게다가 그런 관계는 일방적인 것이 아니라 복잡하게 얽혀 있어 마치 그물망과 같다.

생태계 피라미드는 이들 관계를 알기 쉽게 그림으로 표현한 것이지만 그 관계가 고정된 것은 아니다. 예를 들어, 새는 나비나 나방류의 유충을 먹지만 식물의 열매도 쪼아 먹기 때문에 직접 식물을 먹는 관계이기도 하다.

또, '약육강식'이라는 말은 강한 존재가 약한 존재를 먹고 살아가는 의미로 해석되기 쉽지만, 생태계 피라미드의 꼭대기에 있는 존재가 하위 존재에 의해 유지되고 있다고 생각하는 것이 더 자연스럽지 않을까?

예를 들어, 숲 속의 어느 모퉁이를 개발하여 집을 지을 택지를 만들면 생태계 피라미드는 그림A처럼 된다.

그렇다면 숲 한가운데에 도로를 만들면 어떻게 될까?

생태계의 균형이 잘 유지되고 있다면 어느 한 종류의 벌레가 몇 년이나 반복적으로 많이 발생하기는 어렵다. 즉, 벌레는 현재의 정원 상태를 나타내는 바로미터라고도 할 수 있다.

생태계 피라미드
위쪽에 위치한 대형동물일수록 환경파괴에 의한 피해를 입기 쉽다.
A 개발에 의해 숲의 면적이 줄어들면 가장 먼저 사라지는 것은 매 등의 대형동물이다.
B 숲 중앙에 도로가 생기면 숲은 둘로 나뉘어 숲 전체가 큰 피해를 입는다.

A 숲 모퉁이를 개발할 경우

B 숲 중앙에 도로가 생길 경우

예를 들어, 진딧물이 많이 발생했다면

① 화학비료를 사용하여 질소성분이 많다.
② 식물이 그 정원에 적합하지 않다.
③ 바람이 잘 통하지 않고, 햇빛이 잘 들지 않는다.
④ 천적이 적다.
⑤ 나무가 약해져 있다.

등의 원인을 생각할 수 있다. 또 이들 중 어느 한 가지가 아니라 여러 가지 원인이 복합적으로 작용한 경우도 있을 것이다. 물론 이밖에도 많은 이유가 있을 것이다.
 나무는 같은 종류라도 나무의 상태나 생육 장소의 상태에 따라 수명이 달라진다. 어떤 나무한테는 쾌적한 장소이더라도 또 다른 나무한테는 자라기 힘든 환경일지도 모른다. 모든 나무가 건강하게, 어떤 병충해도 입지 않게 하려는 생각은 모든 사람이 병에 걸리지 않아야 된다는 생각과 같은 것일지도 모른다. 사람의 생각이나 사정이 통하지 않는 것이 자연이 갖고 있는 흥미로운 점이기 때문에, 때에 따라서는 포기하는 것도 필요하다. 그렇게 해서 말라 죽거나, 병충해에 의해 약해지는 것이 반복되면서 점점 자신의 정원에 무엇이 적합한지 알게 된다.
 진딧물이 한 그루의 나무에 많이 발생하면 무당벌레나 풀잠자리, 꽃등에, 거미 등도 생긴다. 하지만 진딧물이 없는 정원에는 이들 벌레 또한 모습을 드러내지 않는다. 어떤 의미에서는 풍부한 생태계를 복원하기 위해 진딧물이 많이 발생하는지도 모른다.

유기농 정원이란 한 마리의 벌레도 허용하지 않는 '방제'의 개념이 아니라 '해충'까지 포함해 다양한 동물과 식물이 공생하는 정원을 말한다.
 건강한 나무라면 벌레가 생긴 것만으로 쉽게 시들거나 약해지지 않는다. 나무가 약해진 데에는 여러 가지 원인이 복합적으로 작용했을 것이므로 성급하게 농약(살충제, 살균제, 제초제 등이 농약에 포함)을 사용하지 말고 잠시 관찰해 보자.
 또, 벌레에만 신경쓰지 말고, 전체적으로 생각하는 것도 중요하다.

● 나무를 가지치기하거나 시든 꽃을 따서 바람이 잘 통하고, 햇빛이 잘 들게 한다.
● 좋은 흙을 만드는 것부터 시작한다.
● 나무를 빽빽하게 심지 말고 간격을 띄워 심는다.
● 같은 종류의 식물을 심은 단일 정원으로 만들지 말고, 다양한 식물이 풍부한 정원을 만들도록 노력한다.
● 무턱대고 신품종이나 외래종을 선호하지 말고, 기후 풍토에 맞는 재래종, 또는 외래종이라도 귀화하여 역사가 오래된 것을 심는다.

그런 다음 유기농 농약(자연농약)을 사용하는데, 유기농 농약을 뿌린다고 모든 것이 해결되는 것이 아님을 명심하자.

생태계에 대해서 이해를 했다면 자연계는 정말 삼라만상이 불가사의하고, 각각이 그물망처럼 복잡하게 얽혀 있는 관계로 연결되어 있다는 자연의 위대함을 느끼지 않을 수 없을 것이다.

#  정원의 벌레들이 본 자연

벌레를 싫어하는 사람이 많지만 과연 벌레에 대해 어느 정도 알고 있을까?

벌레들도 사람을 곤란하게 하기 위해 잎을 갉아먹거나 즙액을 빨아 먹는 것이 아니라, 살아가기 위한 필요한 활동일뿐인데 사람의 입장에서 보면 '피곤한 존재'가 되어버린 것이다. 그런 사람도 지구의 입장에서 보면 대기나 물을 오염시키고, 생태계를 파괴하는 '피곤한 존재'가 아닐까?

벌레가 된 기분으로 정원을 바라보자.

적은 양의 비도 벌레들에게는 홍수이고, 풀숲은 정글이다. 사람이 그저 별거 아니라고 생각하고 자연을 파괴하는 것이 작은 생물에게는 엄청난 타격이 된다.

또, 아무리 싫어하는 벌레라도 생태계의 일부이고, 다른 생물의 먹이가 되어 지구를 지탱하고 있다.

조금씩이라도 벌레에 대해 알아가는 것이 유기농 정원으로 가는 지름길이라고 할 수 있다.

어느 정원에 작은 갯강구처럼 보기만 해도 '해충'같은 기분 나쁜 벌레가 나무줄기에 찰싹 달라붙어 있었다. 죽이려고 생각했지만 이름을 몰라 잠시 머뭇거리다가 사진을 찍어 집에 돌아와서 이것저것 조사해봤다. 그랬더니 그것은 다듬이벌레과에 속하는 곰팡이를 먹는 벌레 종류의 하나였다.

나무에서 번식하는 곰팡이를 먹는 벌레라면 이 벌레는 유익한 '익충'이다. 하지만 나무에 곰팡이가 생겼다는 것은 이미 그 나무가 약해졌다는 증거이므로 이 벌레가 곰팡이를 먹어 치워도 나무가 다시 건강해질지 어떨지는 알 수 없다.

그렇게 생각하면 이 벌레는 해충도 익충도 아닌 그냥 그저 그런 벌레일지도 모른다. 하지만 그저 그런 벌레라고 해서 쓸모없는 것인가 하면, NPO 법인 농업과 자연 연구소 대표가 쓴 책에는 '그저 그런 벌레는 사실 그저 그렇지 않은 벌레'라고 나와 있다. 그저 그런 벌레는 다른 많은 생물의 먹이가 되거나, 식물의 씨앗을 운반하거나, 그 배설물이나 사체가 흙을 비옥하게 만드는 등 생태계 안에서 매우 중요한 역할을 하고 있다는 것이다.

또한, 진딧물이나 나비·나방류의 유충, 그리고 바닷속 플랑크톤 등은 그 수가 많은 것에 비해 대부분 포식자에게 방어나 반격을 하지 않는다. 수가 많다는 의미는 잡아먹힘을 전제로 하기 때문이다. 즉, 많은 알을 낳는 벌레들은 (대부분 '해충'으로 불린다) 생태계를 풍요롭게 지켜주는 역할을 하고 있는지도 모른다.

## 용어 해설

| | |
|---|---|
| 우화 | 성충이 되기 위한 마지막 탈피. |
| 월동·겨울나기 | 겨울 동안 성장이나 활동을 일시적으로 멈추는 것. 겨울을 나는 형태는 종류에 따라 알, 유충, 번데기, 성충 등 다양하다. |
| 외래종 | 원래는 한국에 없었지만 사람이나 물자 등의 이동과 함께, 또는 고의적으로 국내에 들어온 생물을 말한다.<br>예를 들어, 미국흰불나방은 북미 원산으로 아시아 지역에 침입한 것이 1948년경 일본, 1958년경 한국(서울), 1979년경 중국의 순으로 발생하기 시작하여 만연되었으며, 한국과 일본은 미군 화물에 묻어 들어온 것으로 추정되고 있다.<br>최근에는 아프리카나 오세아니아, 남미의 식물이 시중에 나오면서 작은 알 상태로 식물에 붙어온 벌레들이 방역을 피해 정원에 진출한 예도 있다.<br>외래종이 일으키는 문제로 재래종에 대한 압박이나 생태계에 미치는 영향, 교잡에 의한 유전자 오염 등이 우려되고 있다. |
| 위장(僞裝) | 포식자 등으로부터 살아남기 위해 환경에 몸을 숨기는 것을 위장이라고 한다. 나뭇가지로 위장하는 자벌레(자나방류의 유충)나 긴수염대벌레, 나무껍질로 위장하는 나무껍질밤나방 등이 유명하다. 또 호랑나비의 유충처럼 약령, 중령의 시기에는 새의 배설물로 위장하는 유충도 많다. |
| 완전변태와 불완전변태 | 완전변태는 유충에서 성충으로 성장하는 단계에 번데기 기간이 있는 곤충을 말한다. 완전변태를 하는 곤충은 유충일 때의 모습과 성충이 되었을 때의 모습이나 생활 방법이 크게 다르다. 딱정벌레류나 나비, 벌 등이 완전변태를 한다.<br>불완전변태는 유충에서 성충으로 성장하는 단계에 번데기 기간이 없는 곤충을 말한다. 하루살이나 잠자리처럼 유충기간에 수중생활을 하는 종류도 있지만, 유충과 성충의 생활 방법에 변화가 적다. 노린재류, 사마귀류, 메뚜기 등이 있다. |

| 기생 | 생물이 다른 생물의 몸 안(내부기생)이나 몸의 표면(외부기생)에 붙어 생활하고, 그 생물에게서 영양분을 얻는 것을 말한다. 기생을 당하는 쪽을 숙주라 하고, 숙주의 몸 표면에 기생하는 것을 외부기생, 내부에 기생하는 것을 내부기생이라고 한다. |
|---|---|
| 구문(빠는 입) | 나비나 나방, 노린재류나 매미 등이 가지는 입. |
| 곤충과 벌레 | '곤충'은 몸이 머리, 가슴, 배 등 3부분으로 나누어져 있고, 가슴에는 3쌍 6개의 다리와 2쌍 4장의 날개, 머리에 1쌍의 촉각과 2개의 눈을 가진 생물을 말한다.<br>반면, '벌레'에는 곤충뿐만 아니라 새우나 게가 속한 갑각류에 해당하는 공벌레, 협각류인 거미, 육지에 사는 권패류에 속한 민달팽이나 달팽이 등도 포함된다.<br>이 책에서는 곤충 이외에도 작은 생물이나 양서류, 파충류, 조류 등도 정원의 중요한 생물로 소개하고 있다. |
| 재래종 | 예로부터 그 지역에서 생활하고 있는 생물종. 긴 시간에 걸쳐 생태계에서 안정적인 위치를 차지하고 있었으나 외래종에 의해 그 지위를 위협받고 있다. 재래종은 그 지역의 기후풍토에 맞기 때문에 식물의 경우는 천적 등이 있어 생태계의 균형이 유지되고 있으므로 병충해가 발생하더라도 그리 큰 문제가 되지는 않는다. |
| 번데기 | 종령이 된 후에는 번데기가 되는데, 번데기는 '유충에서 성충이 되는 일대 변혁을 일으키기 위해 활동을 멈추고 몸을 변화시키는 상태'라고 할 수 있다. 번데기는 거의 움직이지 않고 휴면하는 것처럼 보인다. 때가 되면 번데기에서 나와 드디어 성충이 된다. 이 움직이지 않는 번데기 속에서는 유충의 몸을 한번 끈적끈적하게 녹여 운동기관이나 생식기관 등 성충에게 필요한 기관의 생성을 준비한다. |
| 약령유충과 종령유충 | 곤충에게도 사람의 나이와 같은 것이 있다. 알에서 부화한 유충을 처음에는 '1령유충'이라 부르고, 유충이 탈피해 성장하면서 2령, 3령, 4령으로 진행된다. 번데기가 되기 직전의 유충을 '종령유충'이라고 한다. 종령이 되기까지 '령'의 수는 종류에 따라 다르고, 나비는 5령이 종령인 경우가 많으나, 잠자리는 10령 이상 걸리는 것도 있다. 1령이나 2령 등의 어린 유충을 '약령유충'이라고도 한다. |
| 숙주 | 기생자(벌레)가 생육을 위해 이용하는 생물로 '호스트'라고도 한다. 기생자와 숙주의 관계는 미묘하여 숙주를 너무 과하게 이용하면 기생생물에 붙어 있는 자신도 죽게 된다. 또 대부분의 경우 기생생물과 숙주의 조합은 종에 따라 각각 정해져 있으므로 숙주를 잘못 찾으면 살아가기 어렵다. |
| 초식성 | 식물을 먹는 종류를 말한다. 잎이나 줄기, 뿌리, 식물의 즙액 등을 먹는 것을 초식성이라고 한다. |
| 내성<br>(약제 저항성) | 화학합성 농약을 반복적으로 살포함으로써, 특정 '해충'한테 지금까지 개발된 농약이 효력을 나타내지 못하는 것. 특히 곤충은 세대교번이 빨라 약제 저항성을 갖기 쉽다. 그렇게 되면 보다 강한 농약을 개발하게 되고, 곤충들은 개발된 농약에 다시 저항성을 갖게 되는 악순환에 빠진다. |

| | |
|---|---|
| 단위생식 | 암컷이 수컷과 교미(수정)하지 않고 자손을 번식시키는 것을 말한다. 진딧물이나 대벌레 일부에서 발견된다. 교미할 경우에는 유성생식이라 한다. |
| 육식성 | 다른 곤충이나 양서류, 어류 등을 먹거나 체액을 빨아 먹는 것. |
| 2차 기생 | 기생자한테 다시 기생하는 것을 말한다. |
| 곤충페로몬 | 곤충끼리 정보를 교환하기 위해 분비하는 특정한 냄새 물질을 말한다. 냄새라고 하지만 인간이 감지하지 못하는 것이 많다. 암컷이나 수컷을 부르기 위해 분비하는 '성 페로몬'이 유명하고 그 외에도 적이 온 것을 알려주는 '경보 페로몬', 개미 등의 '길안내 페로몬', 교미나 월동을 위해 종족을 집합시키는 '집합 페로몬' 등이 있다. |
| 부화 | 알에서 유충이 나오는 것. |
| 백강균 | 다양한 곤충의 몸에 침입하여 몸 안에서 증식하며 숙주를 죽이는 균을 말한다. 균에 감염된 곤충은 흰색이나 담황색 곰팡이가 생겨 죽는다. 재래종 백강균 외에 알락하늘소나 울도하늘소를 죽이기 위해 '천적'으로 도입된 것도 있다. |
| 머미(mummy) | 기생을 당한 곤충이 미라 상태가 되어 있는 것을 '머미'라고 부른다. 진딧물의 머미는 볼록하게 갈색으로 부풀어 있다. |
| 고치 | 유충이 용화(蛹化:번데기로 변하는 것)할 때 외부의 적이나 환경에서 자신을 보호하기 위해 실을 뽑아 만든 방호벽을 말한다. 누에고치 등이 유명하다. 모든 번데기에 고치가 있는 것은 아니다. |
| 의태(擬態) | 독이 있는 생물이나 공격적인 생물과 색이나 모양, 형태를 비슷하게 만들어서 포식자 등으로부터 몸을 보호하는 것을 '의태'라고 한다. 숨어서 몸을 보호하는 위장(僞裝)과는 대조적으로 포식자에게 위험한 생물로 보임으로써 몸을 보호한다. 독침을 가진 말벌류로 의태하는 호랑하늘소나 유리나방 종류, 체내에 독을 가지고 있는 사향제비나비로 의태하는 남방제비나비와 긴꼬리제비나비 등이 유명하다. 그 외에도 무당벌레나 개미, 개똥벌레로 의태하는 곤충도 많다. |
| 벌레혹 | 충영이라고도 한다. 곤충이나 선충 등의 생물이 식물을 갉아먹음으로써 식물의 성분이 변화해서 세포나 조직이 이상하게 증식 또는 증대된 상태이다. 그 중에는 형태나 색이 아름다운 것도 있어서 새로운 품종의 식물로 착각하는 경우도 있다. |

#  벌레 피해를 대처하는 방법

소중한 화초나 나무가 벌레의 공격을 받았다.
  아, 큰일이다!

이럴 때, 우선 첫 번째 해결 방법은 벌레를 잡아서 죽이는 것이다. 사람의 손이 가장 좋은 도구이다.
  또, 벌레가 된 기분으로 정원을 살펴보면 벌레가 어떤 곳을 좋아하는지 알게 된다. 그것을 반대로 이용하여 알을 낳기 힘들고, 천적에게 발견되기 쉬운 환경을 만들어 보자.
  흙을 건강하게 만드는 것, 정원의 환경에 맞는 식물을 심는 것, 빽빽하게 심지 않는 것 등도 평소에 주의해야 할 일이다. 물론, 이 책의 취지대로 '천적을 늘리고, 천적에 대해 알아두는 것'도 중요하다.
  대처법에 대해서는 각각의 벌레에 대한 내용에서 자세히 설명하므로 여기서는 전체적으로 요점만 정리한다.

## 벌레를 발견하는 방법

① 식물의 생장점
② 잎의 뒷면
③ 배설물이 있는 장소
④ 벌레 먹은 잎의 뒷면
등을 잘 살핀다.

## 벌레를 발견하면

① 독이 있는 털을 지닌 독나방류는 가지째 잘라 비닐봉투에 넣고 밟는다.
  ➜ p.96
② 독이 있는 털을 지닌 나비나 나방류의 유충은 나무젓가락이나 핀셋으로 잡아 비닐봉투에 넣고 밟는다.
③ 진딧물은 고무장갑을 끼고 잡는다.
④ 깍지벌레류는 낡은 칫솔이나 대나무주걱으로 긁어서 떼어낸다.
  ➜ p.93

⑤ 작은 잎벌레류는 손으로 눌러서 잡는다.
⑥ 큰 벌레(큰이십팔점박이무당벌레 등)나 하늘소류 성충은 손으로 잡은 다음 발로 밟아 죽인다.
⑦ 굴파리류나 벌레혹 등은 조심스럽게 잎을 제거한다.
⑧ 하늘소류의 유충 등 나무줄기 속에 있는 벌레는 나무 밑동에 찌꺼기 같은 것이 있으면 상부에 있는 구멍을 찾아 철사로 찌른다. 그 다음 구멍에 된장을 발라 둔다. 그 외에도 초목회와 점토를 물과 잘 섞어 걸쭉한 상태로 만들어 벌레 먹은 구멍에 바른다.
　➜ p.122
⑨ 칼륨성분이 주가 되는 인산이나 미네랄을 포함한 초목회를 뿌리면 나비나 나방이 알을 낳으러 오지 않고, 큰이십팔점박이무당벌레나 민달팽이도 싫어한다.
⑩ 공영식물을 이용한다. 예를 들어, 근절충은 겨자채를 함께 심으면 억제효과가 있다고 알려져 있다.
　➜ p.29
⑪ 완전변태를 하는 벌레의 경우 각 성장단계에 따라 방제하는 방법이 있다. '알일 때 제거한다, 유충일 때 잡는다, 성충은 못 오게 한다' 등이다.

## 벌레가 오지 않는 환경을 만든다

⑫ 식물은 가지치기를 해서 바람이 잘 통하고, 햇빛이 잘 들게 한다.
⑬ 시든 잎이나 썩은 잎, 시든 꽃은 딴다.
⑭ 잡초는 뿌리까지 뽑지 말고, 천적을 유지하는 식물로 이용한다.
　➜ p.28

## 유기농업과 선조들의 지혜에서 배운다

⑮ 농업에서 쓰는 방법이라면 정원에서도 응용할 수 있다. 정원에서는 상품용 작물을 재배할 필요가 없으므로 병충해로 식물이 상했다고 해서 생활이 곤란해지거나, 누군가가 책임을 질 필요도 없다. 그래서 정원은 유기농으로 가꾸기 쉬운 장소이기도 하다. 농약이나 화학비료가 이 세상에 나오기 전부터 정원은 존재했다. 선조들은 식물이나 벌레를 잘 관찰하고 자연의 힘을 이용하면서 정원과 함께 살아왔다. 선조들의 지혜로부터 배울 점이 많다

## 유기농 농약 (자연농약)을 사용한다

⑯ 그래도 대처할 수 없는 경우나, 유기농으로 전환 중에 원상태로 돌아가기 위해 벌레가 많이 발생하는 경우에는 유기농 농약을 뿌린다.
　하지만, 유기농 농약은 화학농약의 대체품이 아니다. 기억해야 할 점은 유기농 농약을 뿌

린다고 해서 모든 것이 해결되는 것은 아니라는 것이다. 종합적인 방법으로 환경을 만든 다음에도 벌레가 많이 생기거나, 지금까지 농약이나 화학비료를 사용해 오던 정원을 유기농 정원으로 전환 중일 때 등 한정된 경우에만 시도해보기 바란다.

그 이유는 유기농 농약은 진딧물을 잡아먹는 무당벌레나 풀잠자리 등도 접근하지 못하게 하기 때문이다. 천적을 쫓아내지 않기 위해서도 정원 전체에 유기농 농약을 뿌리지 말고, 벌레가 생긴 식물에만 뿌려서 천적들이 피할 장소를 남겨두는 것이 중요하다.

최근에는 천적성분으로 만들어 안심할 수 있다는 살충제도 많이 볼 수 있지만, 주성분이 천연 기피제라 하더라도 화학계 또는 석유계의 용해제나 첨가물을 사용한 것도 있고, 그 중에는 그런 성분들이 살충효과 성분보다 더 위험한 경우도 있다.

#  유기농 농약 만드는 법, 사용하는 법

시판하는 농약에 의존하지 말고 부엌에 있는 식재료나 비누, 오래 전부터 사용해온 목초액 등으로 '유기농 농약(자연농약)'을 직접 만들어보자. 직접 만들면 화학 첨가제나 방부제를 넣지 않은, 안전하고 안심할 수 있는 방제제를 만들 수 있다.

우리는 목초액, 마늘, 고추, 비누 등의 자연 소재로 만든 자연농약을 유기농 농약이라고 부른다.

기본적으로 벌레가 싫어하는 성분이나 냄새로 벌레를 오지 못하게 하는 것이지만 살균, 살충 효과가 있는 것도 있다.

대부분의 유기농 농약은 5~7일 정도밖에 효과가 지속되지 않으므로 자주 살포할 필요가 있다. 또 농도를 짙게 하여 1회 살포하는 것보다 옅은 농도의 농약을 자주 살포하는 것이 더 효과적이다.

주의해야 할 점은 유기농 농약이 식물을 갉아먹는 벌레에게만 효과적인 것이 아니라는 것이다. 당연히 천적인 벌레들도 접근하기 힘들어진다. 천적을 쫓아내지 않기 위해서라도 정원 전체에 유기농 농약을 뿌리는 일은 피해야 한다. 유기농 농약을 뿌릴 때는 벌레가 생긴 식물에만 뿌려서 천적들이 피할 장소를 남겨 두도록 하자. 먼저 식초를 희석한 용액을 살포하여 천적들을 피난시키고, 2~3일 지난 뒤에 유기농 농약을 뿌리는 방법도 있다.

그 지역의 특성이나 기후 등에 따라서 효과가 각각 다르게 나타나므로 이 책의 내용에 얽매이지 말고 창의적 방법으로 다양하게 시험해보기 바란다. 그것이야말로 정원 가꾸기에서 얻을 수 있는 참다운 즐거움이다.

또한, 농약은 '농약관리법'으로 규제하고 있고, 천연 재료 중에도 농약에 해당하는 것이 있다. 법적으로는 농약관리법에 등록되어 있는 것 이외에는 사용하면 안된다. 이것은 방제업자나 농가, 조경업자 등에 한정된 것이 아니고, 개인을 포함한 모두에게 적용된다. 그러나 자기가 스스로 책임지면서 목초액, 비누, 마늘 등을 사용하는 것에는 법률상 문제가 없다. 하지만 병명이나 벌레의 이름을 들어 'OO에 효과가 있다'고 판매하는 것은 금지되어 있다.

즉, 유기농 농약은 스스로 만들어 사용하는 것이지 팔거나 사는 것은 아니라는 것이다. 재료 선택부터 공정까지 모두 스스로 파악하여 스스로 책임지면서 만드는 것이 오히려 안심할 수 있고 안전하다. 즉, 효과가 있든 없든, 자기 책임인 것이다.

## 유기농 농약을 만들기 전에

우선 중요한 것은 재료를 선택하는 일이다.

유기농 농약은 천연 재료를 사용하기 때문에 벌레한테 '내성(화학물질 등에 대한 저항성)'이 생기지 않는다. 그러기 위해서라도 기본이 되는 목초액을 좋은 것으로 선택하고, 마늘, 약모밀, 고추는 무농약으로 재배된 것을 사용하는 것이 중요하다.

무농약 유기재배한 재료로 만든 자연농약은 화학합성 농약이나 화학비료로 재배한 재료로 만든 농약과 효과가 크게 다르다.

## 마늘 목초액

마늘, 고추, 약모밀을 잘게 잘라 목초액에 넣고 우려낸 것이다. 사용할 때는 내용물을 걸러내고 물로 희석하여 사용한다.

벌레의 기피, 살균효과가 있다.

## 마늘 참기름제

비누액에 마늘과 참기름을 넣어 만든 것. 사용할 때는 내용물을 걸러내고 물로 희석하여 사용한다. 시판되고 있는 기계유제(기계에 사용된 윤활유를 활용한 농약)와 같은 방법으로 사용할 수 있다. 2월에 뿌려서 알로 월동하는 벌레의 부화를 억제한다.

진딧물 발생시기에도 효과적이다.

## 콤포스트 티 (Compost tea)

### 어떤 것일까?

음식물쓰레기로 만든 퇴비를 물에 우려서 만든 액체비료를 말한다.

음식물쓰레기로 만든 퇴비를 우려서 비료를 만든다고 하면 냄새를 걱정하는 사람이 있을지 모르지만 냄새는 거의 나지 않는다. 굳이 냄새가 난다고 하면 약간의 흙냄새가 나는 정도이다.

콤포스트 티에는 특정한 유용균뿐 아니라 좋은 것과 나쁜 것을 모두 포함한 다양한 균이 균형을 유지하고 있다. 균도 다양하게 존재하면 특정 병원균이 만연할 수 없다. 아직 연구 중이고 구체적인 실험이 필요한 단계라고 하는데, 전문가는 콤포스트 티의 항균작용을 4가지로 설명하고 있다.

① 먹이와 장소(공간)점령. 병원균이 병을 발병시키기 위해서는 일정 수가 필요한데 콤포스트 티 속에 있는 미생물이 병원균의 증폭에 필요한 영양분을 모두 먹어버리거나 그 공간을 점령해 버린다.
② 콤포스트 티 속의 미생물이 항균작용물질을 배출한다.
③ 콤포스트 티 속의 미생물이 직접 병원균을 포식한다.
④ 식물 또는 나무가 원래 가지고 있는 항균작용을 자극한다.

### 어떤 경우에 사용하는가?

병원균 예방에 효과적이다. 잔디에 병(갈색마름병 등)이 생겼을 때 2주 간격으로 살포해서 병의 진행을 막는다. 살포 간격이나 횟수는 정해진 것이 없고 어디까지나 직접 눈으로 보고 시행착오를 겪으면서 자신의 정원에 맞는 방법을 찾아나가야 한다.

### 재료(음식물쓰레기로 만든 퇴비)에 대하여

성분을 아는 퇴비를 구할 수 있으면 좋겠지만 가능한 집에서 나온 음식물쓰레기 퇴비로 만드는 것이 가장 안심할 수 있다.

음식에 대해서 흔히 '신토불이'라고 말하는데 균에 있어서도 똑같다. '순환'이라는 의미를 생각하면 그 정원에 가장 적합한 박테리아로 만들어진 쓰레기로 만든 콤포스트 티가 가장 이상적이라고 말할 수 있다.

음식물쓰레기 퇴비를 직접 만드는 것은 음식물을 통해 '유기농이란 무엇인가?'를 생각해 볼 수 있는 좋은 기회이다. 아무리 집에서 만든 퇴비라도 온통 농약이 섞여 있고, 화학첨가물 투성이 음식을 먹고 있다면, 그것들이 모두 퇴비 속에 들어가게 된다. 이왕 퇴비를 만들기로 결심했다면 음식도 가능한 안전한 것을 먹기 바란다.

## 그 밖의 주의 사항

콤포스트 티를 사용하려면 미리 빗물을 저장해 두는 것이 좋다. 수돗물에는 염소가 많고, 맑게 만들기 위해 대량의 알루미늄을 사용한다. 이런 것들이 콤포스트 티 속의 박테리아에 어떤 영향을 줄지 염려된다.

## 만드는 법

① 퇴비화 발효용기*를 사용해서 만든 완숙 퇴비를 자루에 넣고 뚜껑이 있는 통에 물을 담아 1주일간 우려내서 원액을 만든다.
② 음식물쓰레기로 만든 콤포스트 티 원액을 10배의 물로 희석하고, 비누액을 1방울 넣는다.
③ ②를 막대로 좌우로 같은 횟수만큼 젓는다. 가능한 많이 젓는 것이 좋지만 상당히 힘들므로 최소 왼쪽으로 30번, 오른쪽으로 30번 젓는다.

* 부엌에서 나온 음식물쓰레기를 퇴비로 만들기 위한 용기. 바닥면이 없고, 지면에 직접 놓는다.

## 보존 방법

보존방법에 대한 자료는 없으므로 가능한 빨리 사용하는 것이 좋다. 원액을 희석한 것은 그날 모두 사용한다.

## 살포 방법

해 질 녘에 분무기에 넣고 잎 표면, 줄기나 가지에 살포한다. 병에 걸린 잔디에 뿌릴 때는 물뿌리개에 넣어서 뿌려도 좋다.

## 식초

25~50배 정도의 물로 희석하여 살포한다. 식초는 유기농 농약 효과는 적고, 유기농 농약을 뿌리기 전에 먼저 천적을 도망가게 하기 위해 뿌린다. 식초를 살포하고 2~3일 지나서 원래 뿌리기로 한 유기농 농약을 살포한다. 잎을 갉아먹는 벌레들은 식초를 뿌린 뒤, 천적보다 빨리 정원으로 돌아온다.

## 초목회

낙엽이나 나뭇가지를 태워서 만든 재인 초목회는 토양개량제나 자연농약으로 사용할 수 있다.

커다란 깡통 속에 잡초 말린 것, 작은 나뭇가지 등을 태워서 만드는데, 너무 고온에서 태우지 않는 것이 포인트이다. 그러기 위해서는 잡초나 나무를 계속해서 깡통 속에 넣지 말고, 천천히 저온에서 태운다.

사용할 때는 아침이슬이 남아 있는 오전 10시 전에, 아침이슬을 털어내지 말고 잎에 살포한다. 거즈에 싸서 뿌리면 고르게 뿌릴 수 있다(p.113 참고).

잎이 건강해지고, 그 결과 식물 전체가 건강해진다.

잿물이나 냄새 때문에 벌레가 달라붙지 않게 되고, 알도 낳고 싶지 않은 듯 나비나 나방류의 유충도 줄어든다.

땅에 뿌려두면 민달팽이나 거염벌레도 싫어하고, 잎 표면에 뿌리면 잎벌레나 큰이십팔점박이무당벌레 등 잎을 갉아먹는 딱정벌레류도 잘 달라붙지 않는다.

## 해초 엑기스

대황이나 톳 2줌을 물 1ℓ에 넣고 끓으면 불을 끄고 식힌다. 간은 하지 않는다.

완전히 식힌 후, 그 물을 진딧물 피해를 입은 나무의 밑동 주위에 뿌려두면 개미가 오지 못하고, 보디가드를 잃은 진딧물은 다양한 천적에게 잡아먹히게 된다.

또한, 집에 개미가 침입했을 때도 이 용액을 솜에 적셔 곳곳에 놓아두면 페로몬으로 커뮤니케이션하는 개미를 혼란스럽게 만든다. 또 이 방법을 시험해 본 사람들의 의견에는 죽은 개미도 있다고 한다.

## 쇠뜨기 스프레이

쇠뜨기 스프레이는 균류에 의한 병, 특히 흰가루병에 효과적이다. 예방법으로도 사용할 수 있다.

① 말린 쇠뜨기 10g을 물 2ℓ에 넣고 20분간 끓인다.
② 식으면 물 8ℓ를 넣고 10분간 골고루 섞는다. 이 때 왼쪽과 오른쪽으로 같은 횟수만큼 저어 소용돌이를 만든다.
③ 쇠뜨기를 걸러내고, 저녁 무렵 병에 걸린 나무의 밑동, 가지나 줄기, 잎에 살포한다.
④ 3일간 계속해서 뿌린다.

원액은 냉장고에서 약 1주일간 보존할 수 있지만 물로 희석한 것은 모두 사용한다.

### 커피

진드기나 진딧물 방제와 병 예방에 좋다. 식혀서 희석하지 말고 그대로 뿌린다. 인스턴트 커피도 괜찮다.

### 약모밀 멀칭(mulching)

멀칭은 농작물이 자라고 있는 땅을 짚이나 비닐 등으로 덮는 것을 말한다. 약모밀의 밑동을 잘라 식물 주변에 놓아두면 벌레 피해 예방에 도움이 된다. 시들면 효과가 없어지므로 항상 싱싱한 것을 놓아둔다. 약모밀이 너무 늘어나서 걱정인 사람은 잡초 제거도 겸해 시험해보자.

### 사용하지 않았으면 하는 니코틴 스프레이

담배꽁초를 물에 우려내 추출액을 만들어 스프레이로 살포하는 사람도 있는데, 담배에는 많은 화학물질이 들어 있으므로 사용하지 않는 것이 좋다.

#  식물을 이용한 대처법

### 잡초

유기농 농약은 아니지만 도움이 되는 것이 잡초이다.

　잡초로 땅을 덮어두면 잡초의 꽃이나 잎에도 벌레가 모이므로 소중히 여기는 식물만 공격받는 일이 적어진다.

　이 경우에 덮어둔다는 의미는 잡초를 뽑아 지면을 덮는다는 것이 아니고, 잡초를 뽑지 않고 살려두는 것을 말한다.

　편식하지 않는 민달팽이는 잡초가 무성하면 굳이 높은 곳이나 멀리까지 가서 피해를 주지 않고, 주변의 잡초에서 모든 것을 해결한다. 민달팽이도 가능한 쓸모없는 에너지는 사용하고 싶지 않은 것이다.

　그렇다 하더라도 정원의 잡초가 무성하게 자라면 보기에 안 좋기 때문에 어느 정도의 높이가 되면 잘라서 정돈한다. 좋아하는 높이는 사람마다 다를 것이다. 3cm, 5cm 등

본인이 지저분하다고 느끼지 않는 높이면 된다. 옛날 들판은 그런 느낌이었다.

땅 표면을 낮게 덮는 지피식물은 잔디만이 아니다. 오히려 단일종인 잔디보다는 다양한 잡초가 있어야 특정 벌레가 많이 발생하거나 병에 걸리는 것을 막아준다.

그리고 잘라낸 잡초는 잘 건조시켜 초목회로 사용하면 좋다. 잡초는 알고 보면 정말 고마운 존재이다.

## 공영식물 (Companion Plants)

공영식물은 아직 원리가 밝혀지지 않았고, 토지의 환경이나 지력, 식물과의 궁합 등 여러 가지 요소가 작용하기 때문에 생각대로 결과가 나오지 않는 경우도 있다. 하지만 환경에 악영향을 주거나, 해충한테 약제 저항성이 생기지 않는 안전한 방법이므로 적극적으로 시험해보기 바란다.

친구가 오이의 밑동에 바질을 심었더니 오이잎벌레가 비틀비틀하며 어딘가로 사라져버렸다고 한다.

그 외에도 당근이나 양배추 옆에 로즈메리를 심으면 생육이 촉진되고, 마늘이나 부추, 염교를 심으면 진딧물도 예방할 수 있다.

## 천적유지식물 (Banker Plants)

천적을 정원에 불러들이기 위해서는 먹이가 될 생물이 필요하다. 예를 들어, 무당벌레가 오기를 바란다면 먹이가 되는 진딧물의 존재가 필요하다. 하지만 소중한 나무나 꽃에 진딧물이 생기는 것은 싫다. 이럴 때 쑥 등을 정원에서 키우면 쑥을 좋아하는 진딧물이 발생하게 된다. 무당벌레는 이런 진딧물을 잡아먹는다.

이렇듯 천적유지식물이란 천적의 먹이가 되는 벌레를 불러들이기 위한 식물이라고 할 수 있다.

잡초가 자라면 천적을 불러들여 특정 식물을 갉아먹는 벌레들이 많이 생기는 일이 없어진다.

'Banker Plants'라는 이름은 'BANK(돈을 저축하다)'에서 전환되어 '천적을 저장한다'라는 의미로 붙여진 이름이다.

우리집에서도 플랜트박스에 있는 질경이는 언제나 민둥산이 되어버리는데, 정원 구석에서 잡초와 섞여 자라고 있는 질경이는 쑥쑥 잘 자란다.

유기농가에서는 밭 주위에 키가 큰 식물을 '장벽식물'로 심어서 주된 작물의 피해를 줄이기도 한다. 이것도 천적유지식물과 같은 원리라고 할 수 있다.

# CHAPTER 2
# 정원의 벌레

정원에서 흔히 보는 벌레를 중심으로
발생하는 장소, 시간, 무엇을 먹는지, 대처하는 방법 등을 소개한다.
정원의 나무나 꽃에 벌레가 있어도 당황하지 말고, 우선 어떤 벌레인지부터 알아보자.
겉모습만 보고는 깜짝 놀라겠지만 알고 보면 진딧물을 먹어치워 버리는 고마운 존재일 수도 있다.

# 무당벌레

*Harmonia axyridis*

● **서식장소**_ 나무나 화초 등 모든 식물(진딧물이 있는 곳)　● **발생시기**_ 3~11월(8월은 감소)
● **먹　이**_ 진딧물(성충, 유충)

무당벌레류 중에서도 가장 흔히 볼 수 있는 것이 이 무당벌레이다.

무당벌레 등쪽의 무늬는 검은 바탕에 2개가 기본이지만 색이나 무늬가 매우 다양해서 이것이 모두 같은 종인지 의심스러울 정도이다.

칠성무당벌레가 화초를 좋아하는 것에 비해, 무당벌레는 주로 키가 큰 나무에 서식한다.

봄부터 겨울잠을 자기 전까지 열심히 진딧물을 잡아먹으며 맹활약한다.

성충의 상태로 겨울잠을 자므로 겨울에 햇빛이 잘 드는 처마 아래 벽에 무리지어 있는 것을 발견하기도 한다. 가을에 떼를 지어 날고 있는 모기가 아니라 떼를 지어 날고 있는 수많은 무당벌레를 보았다고도 한다. 겨울을 나기 위해 숲으로 가던 길이었을까?

무당벌레는 1회에 10~40개 정도의 알을 낳지만 때로는 40~50개의 알을 낳기도 하고, 그것을 몇 번이나 반복한다.

부화하면 우선 자신이 들어 있던 알껍데기를 먹는다. 그렇게 한 후 공식(共食:같은 종류의 동물 등이 서로 잡아먹는 것)을 하고, 공식을 통해 힘이 생긴 유충이 진딧물이 있는 곳까지 이동해서 식사를 시작한다.

유충기간은 2~4주. 유충은 탈피를 3번 하고, 4령유충이 된 후 번데기가 된다. 번데기가 되어 1주일이 지나면 드디어 우화한다. 처음에는 노란색이지만 좋아하는 장소에서 날개를 말리면 점점 무늬가 나타나기 시작한다.

무당벌레뿐 아니라 무당벌레류의 유충은 성충과 전혀 닮지 않았다. 오히려 징그럽게 느껴지는 모습이어서 해충으로 오해하기 쉽지만 성충 이상으로 진딧물을 열심히 잡아먹는다.

* p.89 〈진딧물이 많이 발생한 예〉 참고

 **무당벌레**　무당벌레류의 종류를 알아보기 위해 기본이 되는 무당벌레를 중심으로 알에서 성충이 되기까지(기간은 3~6주)의 모습을 살펴보자.

무당벌레의 무늬는 다양하다(몸길이 7~8㎜).

**알에서 갓 부화한 유충_** 무당벌레는 1회에 10~40개 정도의 알을 낳는다. 알은 2~3일이면 부화하고, 부화한 유충은 먼저 자신의 알껍데기를 먹는다. 그 후 공식(共食)을 해서 살아남은 몇 마리의 강한 유충이 진딧물을 잡아먹기 시작한다.

**많이 성장한 4령유충_** 무당벌레의 유충은 칠성무당벌레와는 모습이 다르고, 양옆에 가늘고 길게 붉은색을 띤 부분이 있다. 가시모양의 돌기가 있어서 '해충'으로 오해하기 쉽지만 아직 날개가 없어서 날지 못하고 한 장소에 머무르면서 열심히 진딧물을 잡아먹는다. 유충기간은 2~4주로 알려져 있다. 3회 탈피하고 4령유충(더 이상 탈피하지 않으므로 '종령유충'이라고도 한다)까지 성장한다.

**번데기_** 무당벌레는 완전변태를 한다. 번데기 기간은 약 1주일. 번데기도 싫어하는 사람이 많지만 우화한 성충이 그 장소에 다시 알을 낳을 확률이 높다.

**우화 후_** 처음에는 연노란색을 띠고, 젖은 날개가 마르면 여러 가지 무늬가 나타난다. 어떤 벌레라도 우화하는 모습은 정말 감동적이다.

# 칠성무당벌레

*Coccinella septempunctata*

- 서식장소_ 진딧물이 있는 장소. 화초 등을 좋아한다.    ● 발생시기_ 3～11월(8월은 감소)
- 먹       이_ 주로 진딧물(유충, 성충), 깍지벌레

칠성무당벌레는 무당벌레 중에서도 가장 사랑받는 존재라고 할 수 있다. 다양한 캐릭터 상품이 만들어지고, 그림책이나 애니메이션 등에서 의인화되기도 한다.

그런데 의외로 정원의 나무에는 그리 많지 않다. 화초를 좋아하기 때문인지, 아니면 수가 줄어들기 때문인지 모르겠다. 이러다 칠성무당벌레가 레드데이터북(Red Data Book)*에 실리게 되는 것은 아닌지 걱정이다.

칠성무당벌레는 성충으로 겨울을 나는데, 새싹의 즙액을 빨아먹는 진딧물이 한여름에는 사라지므로 실제로는 여름에도 휴면한다.

식물은 4～6월경에 생장기를 맞고, 새싹이 나온다. 7～8월의 한더위에는 식물도 잠시 휴식 시간을 갖는다. 그리고 가을이 되면 봄에 자란 만큼은 아니여도 조금은 자란다. 그래서 진딧물도 봄과 가을이 활동시기이다. 진딧물이 없는 한여름에는 칠성무당벌레도 에너지 절약 모드에 들어가나 보다.

* IUCN(국제자연보호연합)이 멸종 위기에 있는 야생생물을 멸종 위험성의 정도에 따라 등급을 매겨 발행한 자료집이다. 표지에 위험 신호를 뜻하는 붉은색을 사용한 것에서 레드데이터북이라고 한다. 1966년에 초판이 발행되었다.

## COLUMN

### 무당벌레의 작전

화려한 색을 자랑하는 무당벌레는 손으로 잡으면 매우 나쁜 냄새가 나는 노란색 액체를 내보낸다. 이것은 진딧물의 보디가드 역할을 하는 개미나 다른 천적으로부터 몸을 보호하기 위한 것이다. 새는 기억력도 좋고, 눈도 좋으므로 한번 이 물질에 당하고 나면 다음부터는 무당벌레를 공격하지 않게 된다.

'나를 먹으면 맛이 없어'라는 것을 기억시키려고 붉은색과 검은색의 경고색을 사용한 화려한 모습을 하고 있는 것이다. 그래서 무당벌레와 닮은 벌레도 꽤 많다. 이것을 '의태(擬態:동물이 몸을 보호하거나 쉽게 사냥하기 위해서 주위의 물체나 다른 동물과 비슷한 모습을 하고 있는 것)'라고 한다.

## 칠성무당벌레

유충_ 등에 몇 개의 붉은색 점이 있다.

성충_ 약 8㎜. 여름에는 휴면하고 선선해지면 활동을 다시 시작한다. 성충으로 겨울을 난다.

팔점박이잎벌레 약 8㎜    비단노린재 약 8㎜
무당벌레를 닮았다(p.34 칼럼 참고)_ 모두 초식성

산란_ 장소를 가리지 않고 목재에도 알을 낳는다.

## 천적

기생벌_ 무당벌레에게도 많은 천적이 있는데 기생벌도 그 중 하나이다. 사진은 기생벌 종류인 *Perilitus coccinellae*.

다리무늬침노린재_ 13~16㎜. 침노린재류는 육식성으로 무당벌레뿐 아니라 잎벌레 등도 먹는다.

## 네점가슴무당벌레
*Calvia muiri*

- 서식장소_ 흰가루병에 걸린 나무
- 발생시기_ 4~10월
- 먹    이_ 흰가루병균(유충, 성충)

무당벌레 중에는 진딧물과 깍지벌레를 먹는 종류 외에 흰가루병균을 먹는 무당벌레도 있다.

14개의 하얀 무늬가 있는 네점가슴무당벌레는 아름다운 모습과는 달리 흰가루병균이 많이 생기는 나무에서 열심히 균을 먹는다.

## 노랑무당벌레
*Illeis koebelei*

- 서식장소_ 흰가루병에 걸린 나무
- 발생시기_ 4~10월
- 먹    이_ 흰가루병균(유충, 성충)

노랑무당벌레도 흰가루병을 매우 좋아한다. 배롱나무, 사철나무, 참나무류, 미국산딸나무 중에 흰가루병에 걸린 나무가 있다면 잘 살펴보자.

아주 작은 무당벌레이므로 좀처럼 눈에 띄지 않지만, 흰가루병이 발생한 나무의 잎을 잘 관찰하면 발견할 수 있다.

노랑무당벌레는 결코 희귀종이 아니고, 일반적인 도시의 정원에도 있다. 무농약으로 정원을 관리하면 많은 수가 찾아온다.

**COLUMN**

## 흰가루병

다양한 나무가 흰가루병에 걸리지만 그 중에서도 사철나무, 배롱나무, 참나무류 등이 흰가루병에 걸리기 쉽다.

또 광대나물 등의 잡초도 흰가루병에 걸리지만 잡초의 흰가루병이 근처의 나무에 옮는 경우는 거의 없다.

흰가루병균도 종류가 다양하고, 각각의 병원균이 좋아하는 식물의 종류가 다른 듯하다. 즉, 1가지 균이 모든 흰가루병을 발생시키는 것은 아니다.

## 네점가슴무당벌레

**성충**_ 4㎜. 흰가루병균을 먹는 무당벌레.

**탈피껍질을 먹는 네점가슴무당벌레.**

**배롱나무**_ 흰가루병에 잘 걸리는 낙엽수 중 하나.

 ## 노랑무당벌레

**유충**

**성충** 5㎜

**알**

**번데기**

노랑무당벌레도 흰가루병균을 먹는다. 정원을 손질하고 있으면 십이흰점무당벌레보다 자주 발견된다. 흰가루병에 걸린 나무의 잎 위를 돌아다니지만 너무 작아서 보지 못하고 지나칠 때가 많다.

# 끝노랑애기무당벌레

*Scymnus posticalis*

- 서식장소_ 감귤류 등의 과실나무. 코스모스 등의 화초
- 발생시기_ 5~10월
- 먹    이_ 진딧물(유충, 성충)
- ※ 가루깍지벌레류와 많이 닮았다

유충은 가루깍지벌레류처럼 보인다. 그러나 가루깍지벌레류가 움직임이 둔한 것에 비해 끝노랑애기무당벌레는 움직임이 매우 빠르고, 진딧물이 발생한 곳에 서식하기 때문에 쉽게 구분할 수 있다.

유충은 깍지벌레의 모습으로 의태해서 납물질에 싸여 있지만 납물질을 제거하면 정체는 역시 무당벌레의 유충이다.

왜 깍지벌레 흉내를 내고 있는 것일까?

사실 개미는 깍지벌레와도 공생관계를 맺고 있어서, 깍지벌레가 달콤한 즙(감로)을 만들어 개미에게 주고 보호를 받고 있다. 끝노랑애기무당벌레의 유충은 그런 깍지벌레의 모습을 흉내내서 개미의 공격을 피하는 것으로 보인다.

성충은 검고 매우 작은 무당벌레이다.

끝노랑애기무당벌레는 그다지 알려지지 않았는지 많은 종류의 무당벌레가 실려 있는 도감에서도 좀처럼 찾아볼 수 없다. 그래서 많은 사람들이 깍지벌레로 오해하고 농약을 뿌리거나 죽였을 가능성이 높다.

결코 특별한 희귀 종류가 아니며, 정원을 무농약으로 가꾸면 점차 늘어난다.

# 꼬마남생이무당벌레

*Propylea japonica*

- 서식장소_ 진딧물이 있는 곳
- 발생시기_ 3~11월(8월은 감소)
- 먹    이_ 주로 진딧물(유충, 성충)
- ※ 거북이 등딱지 무늬가 특징

소형으로 몸길이는 3~4mm 정도 밖에 안 된다. 게다가 재빠르다.

무당벌레만큼 진딧물을 많이 잡아먹지 않는 듯하지만 다른 무당벌레류에 비해 이동범위가 넓어서 진딧물이 있는 곳을 찾아 이동한다.

## 끝노랑애기무당벌레

**유충**_ 종령유충, 약 5㎜. 겉모습은 해충처럼 보이지만 진딧물을 잡아먹는 고마운 벌레이다.

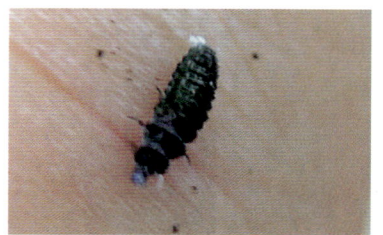

납물질을 벗겨낸 끝노랑애기무당벌레의 유충

개미와 진딧물과 끝노랑애기무당벌레의 유충

## 꼬마남생이무당벌레

유충

**꼬마남생이무당벌레 기본형 성충**_ 5㎜. 행동범위가 넓고, 진딧물을 찾아 이동한다.

**다른 종류의 무당벌레 성충**_ 4㎜. 꼬마남생이무당벌레 종류는 아니지만 이것도 진딧물을 잡아먹는 소형 무당벌레. 무늬는 조금씩 다르다. 사진은 *Menochilus sexmaculatus* 黑地型.

**꼬마남생이무당벌레의 색채변이**_ 5㎜. 같은 종류라도 색이 다른 것을 '색채변이'라고 한다.

39

# 베달리아무당벌레

*Rodolia cardinalis*

- 서식장소_ 감귤류를 비롯한 다양한 나무
- 발생시기_ 4~10월
- 먹 이_ 이세리아깍지벌레(유충, 성충)

감귤류에 발생하는 이세리아깍지벌레의 천적으로 오스트레일리아가 원산지이다. 1800년대 말, 미국 캘리포니아지역에서는 이세리아깍지벌레의 침입으로 감귤 생산에 큰 피해를 입었는데, 1888년 오스트레일리아에서 베달리아무당벌레를 수입 방사하여 이세리아깍지벌레를 구제하는데 성공하였다. 한국의 경우 제주도에 도입되었다. 감귤류뿐 아니라 이세리아깍지벌레가 있는 식물이 있으면 잡아먹으러 온다.

 베달리아무당벌레

알

성충_ 4㎜. 이세리아깍지벌레를 잡아먹는다.

## COLUMN

### 큰이십팔점박이무당벌레와 닮은 벌레

우리집 작은 텃밭에서도 어느 정도 채소 수확을 한다.

그런데 가지나 토마토에 벌레가 많이 생겨 잎뿐 아니라 거의 다 자란 가지의 열매를 먹어 버리는 데 두 손을 들어버렸다.

지금까지 이 벌레를 큰이십팔점박이무당벌레라고만 생각했는데 내가 살고 있는 사이타마[埼玉]현 한노[飯能]시에는 큰이십팔점박이무당벌레가 없다며 아마 다른 종류의 벌레(*Henosepilachna yasutomii* 東京西郊型)일 거라고 어떤 사람이 알려주었다.

그렇다 하더라도 이 두 종류 벌레의 차이점은 딱지날개에 있는 검은 무늬의 가운데 부분이 붙어 있는지 아닌지 정도이다. 자세히 살펴보지 않으면 벌레에 대해 잘 알고 있는 사람이라 하더라도 구별하기 어려울 것이다.

#  큰이십팔점박이무당벌레

### *Henosepilachna vigintioctomaculata*

● **서식장소**_ 가지과 식물(감자, 가지, 토마토 등)  ● **먹    이**_ 가지과 식물의 잎이나 열매(유충, 성충)
● **발생시기**_ 4~10월                        ● **천    적**_ 사마귀, 벌, 새

무당벌레 종류는 진딧물, 깍지벌레를 잡아먹거나 균을 먹는 것이 대부분이지만 잎을 먹는 채식성도 있다. 대표적인 것이 큰이십팔점박이무당벌레로 1년에 2~3회나 발생하여 가지과 식물에 피해를 입힌다. 그것도 대규모 농장보다 소규모 주말농장이나 정원의 텃밭 같은 곳에 더 잘 생기는 귀찮은 존재로 감자, 가지, 토마토 등은 적지 않은 피해를 입는다. 그러나 정원에 텃밭을 가꾸지 않는 사람은 발견하기 힘들지도 모른다.

육식성 무당벌레와 다른 점은 딱지날개의 광택이다. 채식성은 광택이 없고, 흐릿한 벨벳 같은 느낌이다. 움직임이 매우 둔하여 돌아다니지 않고 한곳에서 잎을 갉아먹는다.

큰이십팔점박이무당벌레는 한국, 중국, 일본, 사할린, 시베리아 동부에 분포한다.

또, 큰이십팔점박이무당벌레와 똑같이 생긴 무당벌레(*Henosepilachna yasutomii* 東京西郊型)도 있다. 큰이십팔점박이무당벌레는 딱지날개에 있는 검은 무늬의 가운데 부분이 붙어 있지 않지만 똑같이 생긴 무당벌레(*Henosepilachna yasutomii* 東京西郊型)는 붙어 있다. 이 종도 먹는 것은 역시 가지과의 식물로 크기도 큰이십팔점박이무당벌레와 거의 비슷하다. 큰이십팔점박이무당벌레보다 작은 이십팔점박이무당벌레(6~7mm)도 있다.

그 밖에 채식성 무당벌레(*Epilachna admirabilis*)도 있다(발생시기: 5~9월, 몸길이: 6~9mm). 이 벌레는 돌외나 하늘타리류의 잎을 먹으며 어지간히 울창한 정원이 아니면 발견하기 힘들다.

## 큰이십팔점박이무당벌레

**채식성 무당벌레**_ 8mm. 하늘타리류의 잎을 갉아 먹는다. 사진은 *Epilachna admirabilis*.

번데기  성충 8mm

**큰이십팔점박이무당벌레와 닮은 벌레**_ 이 벌레는 등에 있는 검고 큰 무늬의 가운데 부분이 붙어 있지만 큰이십팔점박이무당벌레는 떨어져 있다. 사진은 *Henosepilachna yasutomii* 東京西郊型.

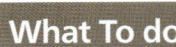 **What To do**　　　　　　　　　　　　　　　문제 해결

- 육식성 무당벌레와 비교하면 움직임이 둔하고, 손으로 잡아도 날아가려고 하지 않으므로 바로 잡을 수 있다. 잡으면 발로 밟아 죽인다.
- 지역에 따라 최성기가 다른데, 최성기에는 아침과 저녁 무렵, 2번 정도 살펴보는 것이 좋다. 성충은 눈에 잘 띄므로 그것에만 주의를 기울이기 쉽지만 잘 보이지 않는 잎 뒷면에 있는 유충도 조심해야 한다.
- 아침이슬이 남아 있을 때 초목회를 잎에 살짝 뿌린다. 저녁 무렵에는 700~1000배 희석한 마늘 목초액을 자주 뿌린다. 한동안 뿌려도 효과가 없으면 다른 유기농 농약을 시험해 보자.
- 아직 실험한 적은 없지만 소주에 고추를 담궈둔 것을 희석하여 사용하거나, 잎에 독성분이 있는 마취목으로 자연농약을 만드는 사람도 있다고 한다.

## COLUMN

### 무당잎벌레

- 서식장소_ 구골나무, 구골목서
- 발생시기_ 유충은 4월 중순경부터 발생
- 먹　　이_ 구골나무나 구골목서의 새잎 (유충, 성충)
- 천　　적_ 쌍살벌류, 사마귀류, 거미, 개구리, 새

번데기

성충8mm

구골나무나 구골나무와 목서의 교배종인 구골목서가 엉망이 될 때까지, 때로는 말라 죽을 정도로 갉아먹었다는 사례가 많다. 이것은 애홍점박이무당벌레와 똑같이 생긴 잎벌레 종류인 무당잎벌레가 한 일이다.

무당벌레와 다른 점은 만지면 톡하고 벼룩처럼 뛰어오르는 것이다. 유기농 농약을 뿌려도 날아서 도망간다. 잡아 죽이려 해도 톡톡 뛰어서 도망가기 때문에 잡기 어렵다.

같은 시기에 개발된 주택가에서는 울타리 등에 같은 종류의 나무를 심는 집이 많아서, 한 번 해충이 발생하면 눈 깜짝할 사이에 수가 늘어난다. 그래서 다양성이 중요하다. 근처에 구골나무나 구골목서가 많이 있을 경우에는 가능하면 같은 나무를 심지 않는 것이 좋다.

#  홍점박이무당벌레

*Chilocorus rubidus*

| ● 서식장소_ 상수리나무, 밤나무, 매실나무 등 깍지벌레가 발생하는 식물 | |
|---|---|
| ● 발생시기_ 4~10월 | ● 먹　　이_ 깍지벌레(유충, 성충) |

두 개의 붉은색 무늬가 보석처럼 아름다운 무당벌레. 깍지벌레를 좋아해서 잡아먹는다.

42

## 홍점박이무당벌레

**매실나무**_ 초봄부터 향기가 좋은 꽃을 피우며, 열매를 이용하고 싶을 때는 다른 품종을 2종류 이상 심으면 쉽게 가루받이를 할 수 있다. 진딧물이나 깍지벌레가 생기기 쉽지만 그만큼 다양한 종류의 무당벌레가 많이 찾아온다.

**성충**_ 6㎜. 붉은색의 예쁜 무늬를 가진 무당벌레. 깍지벌레를 잘 잡아먹는다.

 # 애홍점박이무당벌레

*Chilocorus kuwanae*

● 서식장소_ 벚나무, 복숭아나무, 매실나무 등 장미과 식물, 뽕나무, 차나무 등 깍지벌레가 발생하는 식물
● 발생시기_ 3~11월          ● 먹    이_ 깍지벌레(유충, 성충)

육식성 무당벌레 중에서 아주 작은 소형. 깍지벌레를 주로 잡아먹지만 진딧물도 먹는다.

## 애홍점박이무당벌레

**유충**_ 무당벌레의 유충이지만 가시모양의 돌기가 있어 '해충'으로 오해받는 경우가 많다. 유충도 깍지벌레를 잡아먹는다.

**성충**_ 4㎜. 다른 무당벌레보다 머리부분이 까매서 영화 '스타워즈'의 다스베이더와 닮았다. 또 무당잎벌레의 성충과도 닮았다. 성충의 몸길이는 2.5~4㎜로 매우 다양하다. 사진의 애홍점박이무당벌레는 큰 편이다.

# 남생이무당벌레

*Aiolocaria hexaspilota*

- 서식장소_ 호두나무
- 발생시기_ 4~10월
- 먹    이_ 호두나무잎벌레의 유충(유충, 성충)

크기가 약 13mm나 되는 대형 무당벌레이다. 호두나무잎벌레의 유충을 잡아먹는다. 몸에 '山' 자처럼 보이는 무늬가 있다.

### 남생이무당벌레

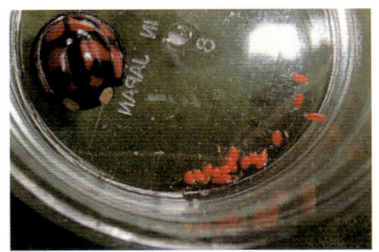

**알**_ 실험용기 안에 붉은색 알을 여기저기 낳아놓은 상태이다.

**성충**_ 13mm. 상당히 큰 무당벌레. 윤기가 나는 딱지날개 양옆의 무늬는 '山'자처럼 보인다. 유충, 성충 모두 호두나무를 갉아먹는 호두나무잎벌레의 유충을 잡아먹는다.

# 꽃등에류

*Syrphidae*

- 서식장소_ 진딧물이 있는 곳
- 발생시기_ 이른 봄 ~ 늦가을
- 먹    이_ 유충은 진딧물

※ 성충으로 겨울을 난다. 성충은 한겨울에도 꽃이 있는 곳으로 날아오기도 한다.

꽃등에의 성충은 작은 벌처럼 보이며, 꽃이 피어 있는 곳이라면 이른 봄부터 꿀을 찾아 정원으로 날아와 공중정지를 한다.

   벌이 아니여서 사람을 쏘지는 않는다.

   유충은 구더기 모양을 하고 있어서 징그러워 하는 사람도 있지만, 진딧물이 발생한 다양한 화초나 나무에서 진딧물을 잡아먹는다.

   호리꽃등에, 검정넓적꽃등에 등 종류가 다양하고, 유충의 모습도 종류에 따라 전혀 다르게 생겼다. 호리꽃등에의 유충은 검은 내장이 들여다보인다.

   성충은 꽃을 찾아온다.

이른봄부터 늦가을까지 활동 기간이 길고, 지역에 따라서는 한겨울에도 정원을 찾아오므로 알을 낳을 수 있게 여러 가지 꽃이 늘 피어 있도록 꽃등에류가 찾아오기 좋은 환경으로 만들어 놓는 것이 좋다. 그렇다고 해서 재배나 관상에 적합한 화초만 심어야 하는 것은 아니다. 꽃등에류는 잡초의 꽃도 가리지 않고 찾아온다.

두줄꽃등에는 진딧물도 잡아먹지만 그 외에도 자신의 몸보다 큰 나방의 유충 등을 먹는다는 보고가 있다.

 꽃등에류

**호리꽃등에 유충_** 종령유충, 약 14㎜. 약령유충은 구더기 모양으로 투명하지만 종령에 가까워질수록 갈색으로 변한다. 진딧물을 열심히 잡아먹는다.
ⓒ天田眞

**호리꽃등에 성충_** 약 11㎜. 따뜻한 지방에서는 한겨울에도 꽃이 피어 있으면 꿀이나 꽃가루를 찾아 날아온다. 공중정지를 잘한다.

**꽃등에류**

**꽃등에류**

성충은 꿀을 빨아 먹기 때문에 진딧물을 먹지 않는다. 하지만 산란기에는 알을 낳으러 오기도 한다. 알은 진딧물 바로 옆에 1개씩 낳는다.

**꽃등에류 번데기_** 번데기는 물방울 모양이다.

**검정넓적꽃등에 유충_** 종령유충은 약 15㎜. 진딧물을 들어올려 빨아 먹고 있는 모습이다.

# 풀잠자리류

*Chrysopidae*

- **서식장소**_ 여러 가지 화초, 나무. 진딧물이 발생한 식물
- **먹    이**_ 진딧물, 깍지벌레(주로 유충. 성충은 종류에 따라 다름)
- **발생시기**_ 5~9월

※ 성충은 야행성이므로 낮에는 잘 보이지 않는다. 유충은 공식을 하는 경우가 많다

풀잠자리류의 성충은 투명한 녹색 날개가 아름답다.

성충이 진딧물을 잡아먹는 종류도 있지만, 특히 중요한 것은 나무나 화초에 머무르면서 진딧물을 잡아먹는 유충이다. 이 유충이 오게 하려면 먼저 성충이 와서 알을 낳지 않으면 안 된다. 따라서 성충을 보면 함부로 죽이지 않아야 한다.

풀잠자리류의 유충은 종류에 따라 등에 먼지 같은 것을 짊어지고 다니는 종류와 아무것도 짊어지지 않는 종류가 있다. 작은 먼지가 손등에서 이리저리 움직여서 자세히 살펴보니 풀잠자리의 유충이 자신이 먹은 진딧물의 껍질 같은 것을 등에 탑처럼 지고 위장했던 것이다.

유충은 성충이 될 때까지 600마리의 진딧물을 잡아먹는다고 한다. 진딧물이 없어지면 그 이외의 벌레도 먹는다. 깍지벌레나 응애류도 먹고, 개미를 공격하는 장면도 본 적이 있다.

성충은 진딧물을 먹는 종류도 있지만, 진딧물이 배설하는 감로를 먹는 풀잠자리도 있다.

풀잠자리류의 알을 불경에 나오는 상상의 꽃인 '우담바라'로 착각하기도 한다. 풀잠자리류는 한꺼번에 무더기로 알을 낳는 종류와 같은 장소에 1개씩 낳는 종류가 있다. 양쪽 모두 잎 뒷면에서 찾을 수 있으며, 실 끝에 작은 쌀알이 달린 듯한 모습을 하고 있어서 바로 알아볼 수 있다. 소나무의 가는 잎에 알을 낳기도 한다.

## COLUMN

우담바라

'우담바라'는 3천 년에 한 번 꽃을 피운다는 불교 설화에 나오는 상상의 꽃을 의미한다. 그런데 풀잠자리류의 알을 우담바라로 혼돈하는 경우도 있다.

그러나 풀잠자리류의 알은 희귀종이 아니고, 도시의 정원에서도 발견할 수 있다. 잎 뒷면에 있고, 작기 때문에 알아차리지 못하는 것뿐이다. 한 번 보면 그 섬세하고 신비한 모습에 매료되어 혼동하는 이유를 조금은 납득할 수 있을 것이다.

우담바라

지방에서는 집 기둥이나 들보에서 찾아볼 수도 있는데 길조라고 하기도 하고, 흉조라고 하기도 한다. 진딧물의 천적이 태어나는 것이므로 길조라고 생각하고 싶지만, 습도가 높기 때문일지도 모르기 때문에 길흉을 점치기는 어렵다.

## 풀잠자리류

**진딧물을 빨아 먹고 있는 풀잠자리류 유충_** 8~11㎜. 식욕이 왕성한 풀잠자리류의 유충은 뿔이나 어금니처럼 보이는 턱을 갖고 있어서 그 사이에 잡은 먹이를 끼워 넣고 빨아 먹는다. 이 유충은 진딧물의 껍질 등으로 몸을 위장하지 않는 종류이다. 이처럼 등에 무엇인가를 지고 있는 종류와 그렇지 않은 종류가 있다.

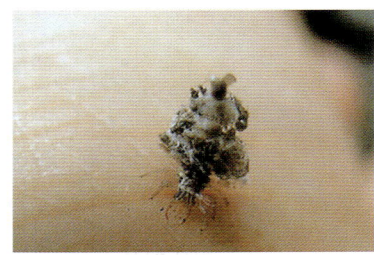

**먼지 같은 것을 등에 지고 있는 풀잠자리류 유충_** 풀잠자리류 유충 중에는 자신의 탈피껍질, 자신이 먹은 진딧물의 찌꺼기, 마른 식물 조각, 이끼 등의 조각, 깍지벌레의 몸을 덮고 있던 납물질 같은 것을 몸에 붙이고 위장하는 종류가 있다. 오히려 더 눈에 띄는 느낌이다.

**풀잠자리류 알_** 소나무 잎에 낳은 알. 풀잠자리류 종류에 따라 실 같은 것의 끝에 1개씩 알을 낳는 종류와 여러 개의 알을 한번에 무더기로 낳는 종류가 있다. 사진은 1개씩 낳은 알이다. 소나무 잎의 두께를 생각하면 알의 크기를 짐작할 수 있다.

**풀잠자리류 알_** 금목서의 잎 뒷면에 낳은 알. 이것은 자신의 탈피껍질 등을 등에 지고 있는 종류의 알로 보이며, 알을 무더기로 낳았다.

**풀잠자리류 vs 개미_** 진딧물이 없어지면 깍지벌레, 응애류, 총채벌레류 등도 먹는데 심지어는 개미까지 공격하는 것을 보았다. 개미는 곤충 중에서도 상당한 강자인데도 불구하고 말이다.

**성충_** 펼친 날개 길이 22~29㎜. 성충은 진딧물의 배설물(감로)을 핥아 먹는다. 성충이 되어서도 진딧물을 직접 먹는 종류도 있지만 이렇게 배설물을 없애서 그을음병을 막아주는 역할도 한다.

#  쌍살벌류

### *Polistes*

- **서식장소_** 나뭇가지나 처마 밑, 지면과 지면에 가까운 곳 이외의 모든 곳
- **발생시기_** 3~11월
- **먹 이_** 살아 있는 곤충이나 알, 유충

벌은 사람을 쏘기 때문에 싫어하는 사람이 많다.

하지만 벌에 대해 알고 나면 정원에 꼭 찾아와주기를 바라게 된다. 쌍살벌류는 나비나 나방류의 유충을 잘게 씹은 다음 침과 섞어 둥글게 뭉쳐서 집으로 가져간다. 쌍살벌류가 정원에 많이 있으면 잎을 갉아먹는 벌레의 수가 크게 줄어들 것이다.

실제로 애기동백나무로 만든 산울타리에 차독나방이 많이 생겼을 때 쌍살벌류의 집이 있는 곳에서 반경 2m 정도에는 차독나방이 전혀 발생하지 않았다.

쌍살벌이 사람을 쏘는 것은 위험을 느끼거나 벌집을 건드렸을 때뿐이다. 아무런 행동도 하지 않은 사람에게 일부러 다가와 쏘지는 않는다.

또한, 갑자기 쏘는 일은 거의 없고 자신의 영역을 침범했다고 느끼면 우선 위협하기 위해 주변을 날아다닌다. 그럴 경우에는 이쪽이 상대의 영역을 침범한 것이므로 조용히 그 장소를 떠나면 된다.

만약 정원에서 어쩔 수 없이 몸이 닿게 되는 장소나 현관 등 출입이 잦은 곳, 문을 여닫는 곳 등 사람과 부딪치는 장소에 쌍살벌의 벌집이 있다면 제거하는 것이 좋지만, 그렇지 않다면 벌집을 그대로 두고 나비나 나방류의 유충 등을 잡아먹게 하는 것이 좋다.

쌍살벌은 말벌에 비해 공격적이지 않다.

---

## What To do — 벌에 쏘였을 때의 대처법

우선 독제거기(Poison Remover)*로 독을 빨아낸다. 독제거기가 없는 경우에는 손끝으로 독을 몸 밖으로 밀어내듯이 세게 짜낸다.

그 후 쏘인 부위를 차게 식힌다. 차게 식히면 혈관이 수축해서 독이 흡수되기 어려워진다.

티트리 오일(아로마 테라피에서 사용하는 에센셜 오일의 한 종류)을 바른다.

걱정이 되면 벌에 쏘였을 때 바르는 약(항히스타민제)을 바른다. 암모니아수나 소변은 효과가 없다. 또, 이전에 벌에 쏘인 적이 있고, 쏘였을 때 몸이 이상했던 경험이 있는 사람은 병원에 가는 것이 좋다.

* p.143 〈정원의 편리한 도구〉 참고

## 쌍살벌류

**쌍살벌류 유충**_ 벌집 속에서 유충이 먹이를 기다리고 있다.

**뱀허물쌍살벌**_ 14~20㎜. 벌집을 확장하고 있는 일벌.

**어리별쌍살벌의 벌집**_ 벌집의 색이 선명한 노란색이다. ⓒ天田眞

**사냥하는 어리별쌍살벌**_ 14~18㎜. 잎 위에서 잡은 유충을 둥글게 뭉치고 있다.

## What To do — 벌이 가까이 오지 않게 하는 방법

벌은 한 번 사용한 벌집을 다시 사용하지 않는다. 한 번 집을 지었던 곳에 다시 집을 짓지 않게 하려면 사용한 벌집을 제거하지 말고 그대로 놔두면 효과적이다.

캐나다에 갔을 때 야외 레스토랑의 넓은 정원에 있는 나무에 연갈색 종이봉투가 여러 개 걸려있는 것을 보았다. 이유를 물어보았더니 손님들이 정원에서 안심하고 식사를 할 수 있도록 벌이 가까이 오지 않게 가짜 벌집을 걸어두었다는 것이었다.

## COLUMN

## 쌍살벌을 만났을 때

쌍살벌은 벌집을 직접 두드리거나 잘라버리려고 하지 않는 한 사람을 공격하지 않는다.

우선 벌이 날아가는 방향을 보고 벌집이 정원 안에 있는지 확인하자. 만약 정원 안에 있어도 사람과 부딪치는 장소가 아니라면 그대로 두어도 좋다.

집 안이나 차 속에 들어왔을 때에도 벌 스스로가 패닉 상태가 되어 쏠 상황이 아니므로 창문을 열고 조용히 있으면 어느 순간 밖으로 나간다. 향수나 헤어로션 등을 바르면 냄새에 자극을 받아 따라오므로 주의한다.

또, 벌은 상대방의 공격적인 태도나 공포심에 매우 민감하다. '벌이 있으면 도움이 되지'라는 마음으로 조용히 있으면 바로 옆까지 오더라도 사람한테 신경 쓰지 않고 날아가 버린다. 최근에는 우리들이 벌에 대해 전혀 공포심을 갖지 않아서인지 아무 생각 없이 쌍살벌의 벌집을 잘라버려도 공격하지 않게 되었다.

반대로 뒤영벌류에 속하는 온순한 벌이라도 위험에 처하면 사람을 쏜다. 한번은 만병초를 손질하던 중에 모르고 꿀을 따고 있는 호박벌을 팔로 누르는 바람에 벌에 쏘여서 쌍살벌에 쏘인 정도는 아니었지만 상당히 부은 적이 있다.

## 큰뱀허물쌍살벌

차가운 바람에 떨면서 견디고 있는 듯한 모습의 벌레 한 마리. 겨울잠에서 막 깨어나 멍한 상태인 큰뱀허물쌍살벌이었다. 몸 아래쪽의 무늬가 아름답고 날개도 예쁘다. 무서운 마음을 누르고 관찰해보면 벌의 아름다움에 빠져들게 된다.

무사히 겨울을 난 암벌은 그때부터 벌집을 만들고 대가족을 이루어야 한다.

큰뱀허물쌍살벌(14~20mm)과 벌집
ⓒ天田眞

벌집은 마른 나무의 섬유질을 턱으로 잘라낸 다음 침과 섞어서 만든다. 촉각으로 길이를 재서 육각형 방의 크기를 거의 균일하게 만드는 놀라운 능력이 있다. 마치 목수처럼 말이다.

# 말벌류
*Vespidae*

- **서식장소**_ 나뭇가지나 처마 밑, 큰 나무의 구멍이나 땅속
- **발생시기**_ 3~11월
- **먹  이**_ 살아 있는 곤충이나 알, 유충

벌은 유기농 정원의 큰 조력자이지만 말벌류만은 주의해야 한다. 난폭하고 공격적이어서 상대방이 과잉반응(큰 소리를 내거나 손을 흔드는 행동 등)을 보이면 갑자기 쏘기도 한다. 특히 한여름 더울 때는 이런 일이 자주 일어난다.

장수말벌 등에 쏘여 목숨을 잃는 사람도 있지만 대부분 말벌류에 몇 번씩 쏘여 벌 알레르기 항체가 생긴 고령의 임업 종사자이다. 일반적으로 쉽게 쇼크사하는 일은 없다. 단, 이전에 벌레에 쏘여 몸이 이상했던 경험이 있는 사람이나 알레르기 체질인 사람은 조심해야 하고, 만약 쏘인 경우에는 병원에 가는 것이 좋다.

쏘였을 때는 독을 빨아내는 독제거기로 응급 처치를 하고 걱정이 되면 병원에 간다.

말벌류가 정원에 나타났을 때에는 벌집이 있는지 없는지 살펴보자. 만약 벌집이 없으면 벌집의 재료를 모으러 왔던가, 먹이를 찾으러 온 것이기 때문에 큰 소리를 내거나, 큰 동작을 하지 않고 조용히 있으면 괜찮다. 자세를 낮추고 조용히 그 자리를 떠나면 된다.

쌍살벌처럼 향수나 헤어로션 등의 냄새에 과잉반응을 보이므로 주의해야 한다.

사람에게는 무서운 말벌이지만 나비나 나방류의 유충을 잘게 씹어 침과 섞어서 둥글게 빚은 다음 벌집으로 가지고 돌아가므로 유기농 정원에는 도움이 되는 생물이다.

가끔 벌집 재료를 모으기 위해 나무기둥이나 울타리에 모여 나무를 갉고 있는 경우가 있다. 이럴 때는 사람이 가까이 가도 무관심한 척하면 공격하지 않으므로 열심히 벌집 재료를 채취하는 모습을 관찰할 수 있다.

**What To do**                      벌에 쏘였을 때의 대처법

p.48 〈쌍살벌류〉 참고

**COLUMN**

### 말벌류 vs 꿀벌

꿀벌은 온도가 50℃까지 올라가도 견디지만 말벌류는 45℃를 넘어가면 죽는다. 이러한 5℃의 온도차를 이용해 꿀벌이 말벌을 집단으로 에워싸고 열과 이산화탄소를 발생시켜 죽이기도 한다. 이렇게 꿀벌이 둥글게 뭉치는 것을 봉구(蜂球)라고 한다. 서양꿀벌은 봉구를 만들지 못해서 말벌에게 공격당한다.

## 말벌류

**말벌의 죽음**_ 백강균에 감염되어 죽은 말벌.

**제작 중인 벌집**　**사용이 끝난 벌집**
한 번 사용한 벌집은 두 번 다시 사용하지 않는다.

**겨울잠**_ 나무구멍에서 바싹 달라붙어 자고 있는 여왕벌 2마리.

**장수말벌**_ 겨울잠을 자고 있는 여왕벌의 얼굴. 여왕벌, 37~44㎜.

### COLUMN

## 겨울잠을 자는 장수말벌

장작을 잘랐다.

　잘라보니 크게 썩어 있었다. 부후균에 침식된 것이다. 침식된 부분을 나무가 보호막을 만들어 둘러싸고, 다시 부후균이 침입하고……. 서로 간에 필사적인 공방을 벌인 것을 짐작할 수 있다. 한 번도 감기에 걸려보지 않은 사람이 없듯이 나무도 다양한 균에 침입 당하는 것이 일반적이며, 상처 없는 나무는 거의 없다.

　그런데 균에 침입을 당하는 것이 꼭 나쁜 것만은 아니다. 균에 침입 당한 부분이나 구멍이 난 곳 등을 이용해서 겨울잠을 자는 다양한 생물들이 있는 것을 보면 생태계에서는 나무가 썩는 것에도 의미가 있고, 다른 생명을 위해 도움이 되는 일이다.

　〈말벌류〉사진 중에서 왼쪽 아래의 사진은 장수말벌 암컷 2마리가 나무의 썩은 부분에서 겨울잠을 자고 있는 모습이다. 수컷은 겨울이 오기 전에 모두 죽어버리므로 이들은 붙어 있어도 암컷이다(2 마리 모두 여왕벌).

　장수말벌의 얼굴을 클로즈업으로 볼 기회는 흔치 않다. 이럴 때가 아니면 안심하고 볼 수도 없는데 자고 있는 모습이 제법 귀엽기까지 하다.

# 사냥벌류

- **서식장소_** 종류에 따라서는 나뭇가지나 잎, 대나무 속, 전봇대에 있는 구멍 등
- **발생시기_** 3~11월   ● **먹   이_** 살아 있는 곤충이나 알, 유충

벌은 벌집을 만들고 무리지어 생활하는 이미지가 강하지만, 호리병벌류, 구멍벌류, 대모벌류는 무리를 이루지 않고 단독생활을 한다. 게다가 쌍살벌류나 말벌류와는 달리 나비나 나방류의 유충을 둥글게 빚지 않고 마취시켜 그대로 벌집 속에 넣어 유충의 먹이로 삼는다.

벌집은 자신이 살기 위한 곳이 아니라, 알을 낳기 위한 곳으로 벌의 종류에 따라 벌집을 만드는 장소도 다양하다. 땅을 파서 벌집을 만들기도 하고, 대나무나 나무의 구멍, 또는 전봇대에 있는 구멍이나 마른 나뭇가지에 만드는 등 다양한 장소에 벌집을 만든다.

먹이는 종류에 따라 메뚜기, 꽃등에류, 나방의 유충, 진딧물, 거미 등을 사냥하지만, 일본나나니는 박각시류를 비롯한 나방의 유충 등을 잘 잡아먹는다. 먹꼬마구멍벌은 거품벌레류를 사냥한다.

이 벌을 정원에 불러들이고 싶으면 대나무를 몇 개 묶어 정원에 놓아두면 벌집을 만들기 위해 찾아온다.

## COLUMN

### 전봇대의 구멍을 막은 벌

주변에서 흔히 볼 수 있는 콘크리트로 만든 전봇대에는 전봇대에 올라가기 위해 발판을 꽂는 구멍이 있는데, 그 구멍을 이용해 집을 짓는 벌도 있다. 이렇게 주택가에서도 씩씩하게 살아가는 벌도 있다.

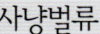 사냥벌류

**호리병벌의 벌집_** 돼지코처럼 보이는 덩어리를 목련 가지 끝에서 발견했다. 이것은 호리병벌의 벌집으로 지름 5㎝ 정도이다. 벌집이 호리병처럼 생긴 것에서 이름을 붙인 것일까? 이렇게 도예가 같은 벌도 있다니 더더욱 정원에 있는 생물들에 매료된다. 벌에도 많은 종류가 있고 정말 다양한 모습이다.

**호리병벌류의 다른 모양의 벌집_** 이것은 호리병벌류의 벌집으로 모양이 다르다. 진흙을 이용해 훌륭하게 병모양 벌집을 만들었다. 마치 도예가 같다. 스스로 돌면서 만든다고 하니 움직이는 물레인 셈이다. 정말 곤충의 능력에는 놀라지 않을 수 없다. 때때로 우리집에 놓여 있는 대나무의 자른 면에 집을 짓는 호리병벌류도 있는데 나이가 들면 집을 대강대강 짓는 벌도 있다고 한다. ⓒ天田眞

**호리병벌_** 18~30㎜. 잎 위에서 털이 없는 나방의 유충을 마취시키고 잡아서 날아가 버렸다. 사냥한 유충은 알을 낳아둔 벌집 속에 넣어 부화한 유충의 먹이로 삼는다.

**줄박각시의 유충을 노리는 일본나나니_** 암컷 약 23㎜, 수컷 약 19㎜. 사냥감을 마취시키는 방법으로 사냥하는 종류는 포식 상대가 정해져 있는 경우가 많다. 거품벌레류 전문, 나방 유충 전문, 산왕거미 전문, 메뚜기 전문, 잎말이벌레 전문 등이 있다. 나나니는 나방의 유충을 좋아한다.

# 꽃벌류

*Apoidea*

- 서식장소_ 많은 식물의 꽃
- 발생시기_ 3~11월
- 먹    이_ 꽃의 꿀, 꽃가루
- 천    적_ 제주직박구리, 때까치 등의 야생조류와 파리매류 등의 포식성 곤충, 거미류 등

5~6월경 공원에 철쭉이 모여서 피어 있는 곳이나 꽃이 활짝 핀 등나무 덩굴 등에 어리호박벌(약 22㎜)이나 좀뒤영벌(16~21㎜)을 비롯한 다양한 벌이 찾아오는 것을 본 적이 있을 것이다.

꽃벌류는 식물의 꽃가루받이에 없어서는 안 될 존재이다. 사람이 먹는 음식 재료의 3분의 1 이상이 곤충의 꽃가루받이에 의해 만들어진 것이라고 하니 사람한테 정말 큰 도움을 주는 존재라고 할 수 있다.

정원 일을 하면서 자주 보게 되는 벌이 좀뒤영벌이다. 몸길이가 2㎝정도로 크고, 마치 오렌지색 반바지를 입은 듯한 모습의 벌이 헬리콥터처럼 한 곳에 머무르며 비행하는 '공중정지'를 곧잘 해낸다.

꽃벌류는 다리 주변에 꽃가루를 묻히는데 다리에 주머니 같은 꽃가루 바구니가 있다.

꽃벌류 중에는 땅 속에 집을 짓고 공동생활을 하는 벌도 있다.

최근에는 뒤영벌속에 속하는 재래종 벌의 수가 급격히 줄고 있다고 한다. 농약 남용과 식물 생태계의 단순화가 진행되는 것이 원인이라는 지적도 있다. 흡혈진드기에 의한 꿀벌의 피해도 많다고 하는데, 흡혈진드기가 농약에 내성이 생겨서 많이 발생했기 때문이다.

벌은 정말 농약에 약하다. 꽃벌류나 꿀벌류는 식물의 꽃가루받이에 중요한 역할을 담당하고 있기 때문에 농약 사용을 중지하지 않으면 생태계에 큰 영향을 미치게 될 것이다.

## 꽃벌류

**어리뒤영벌**_ 10~18㎜. 이꽃 저꽃으로 바쁘게 날아다니는 어리뒤영벌은 부지런한 일꾼이다. 뒷다리에는 꽃가루 바구니 같은 주머니를 가지고 있어서 수집한 꽃가루를 모아서 옮긴다. 뒤영벌류는 북쪽에서 진화하여 추위에 강하고, 비교적 이른 봄에 겨울잠에서 깨어나 일하기 시작한다.

**좀뒤영벌**_ 16~21㎜. 날개소리가 '붕~'하고 크게 나고, 털투성이이며 둥글다. 마치 오렌지색 반바지를 입은 듯한 모습이다. 몸이 무거운지 꽃에 앉으면 꽃가루가 많이 묻어서 식물의 꽃가루받이에는 크게 도움이 될 것이다.

**꽃벌류**

벌이라고 하면 쏘는 이미지가 있지만 꿀이나 꽃가루를 모으는 꽃벌류는 여간해서는 사람을 쏘지 않는다. 옆에 사람이 있어도 개의치 않고 꿀이나 꽃가루를 찾아 열심히 공중정지를 한다. 또, 꿀벌은 춤으로 동료에게 먹이가 있는 곳을 알려서 여럿이 먹이를 구하러 가지만 꽃벌은 여럿이 가지 않고 단독으로 행동한다. 벌집도 쌍살벌이나 말벌처럼 나무 위에 만들지 않고, 땅 속에 대가족이 살 집을 만든다. 같은 벌이라고 해도 사는 모습은 다양하다.

**땅 속에 있는 벌집을 향해 날아온 꽃벌**

**영차! 벌집 속으로 들어가는 모습**

## 기생벌

기생벌은 다른 벌레의 알이나 유충의 몸 안에 알을 낳는 벌이다. 부화한 기생벌의 유충은 숙주의 양분을 빨아 먹으면서 성장한다. 숙주는 끝내 죽게 된다.

　기생벌은 고치벌류, 알벌류, 맵시벌류, 곤봉호리벌류 등이 있다.

　유충이 채식성인 벌 이외에는 천적으로서 큰 도움이 되므로 정원에 반드시 있었으면 하는 벌레이다.

　동백나무, 애기동백나무 등을 갉아먹고, 독이 있는 털이 사람의 피부에 닿으면 가려워지는 차독나방의 유충에도 고치벌류가 기생한다(p.94 〈차독나방〉 참고).

 ## 그 외의 벌

유충이 잎을 먹어 치우는 잎벌류, 송곳벌류도 있다. 채식성 벌로 진달래 잎을 먹는 극동등에잎벌(p.132), 장미 잎을 갉아먹는 장미등에잎벌(p.134) 등이 이에 해당한다.

### COLUMN
### 10년 다이어리에 정원 관찰 기록을 남기자

정원을 관찰하면 잡초나 벌레의 구성이 해마다 달라지는 것을 알 수 있다.

　올해 많이 발생했다고 해서 내년에도 발생할 것이라고 장담할 수 없다. 건강한 흙과 나무라면 오히려 매년 정기적으로 같은 종류의 벌레가 많이 생기는 일이 드물다. 매년 반드시 발생하는 경우에는 나무가 약해져 있거나, 흙의 상태가 나쁘거나, 병충해가 발생할 때마다 농약을 뿌리는 등 정원의 상황이 부자연스러워졌기 때문이다.

　10년 또는 5년 기간으로 같은 날짜의 기록을 같은 페이지에 적을 수 있는 '10년 다이어리', '5년 다이어리'라는 것이 있다. 한눈에 매년 같은 날짜를 볼 수 있기 때문에 여기에 정원을 관찰한 내용을 기록해 두면 기록을 통해 여러 가지를 파악할 수 있다.

　정원의 모습은 얼핏 보기에는 매년 같은 것 같지만 꽃이 피는 시기가 달라지기도 하고, 매미가 우는 시기가 빨라지거나 늦어지기도 하며 올해는 진딧물이 많이 발생했지만 작년에는 차독나방이었다는 것 등 자신의 정원에 대해서 잘 알 수 있게 될 것이다.

　자연과는 일생에 한 번밖에 만날 수 없다. 꽃의 아름다움을 느끼고 감동하는 것뿐만 아니라 이 한 순간의 만남에 대한 감사와 자연에 대한 경외심을 갖고 자연을 만날 수 있는 그런 감성을 소중히 간직하고 싶다.

## 기생벌

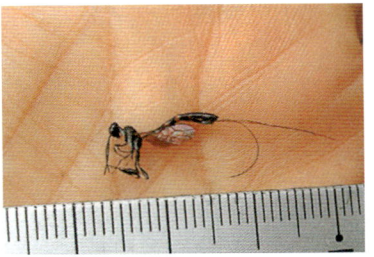

**곤봉호리벌**_ 암컷, 약 30㎜. 사냥벌류, 꽃벌류의 유충에 기생한다. 즉, 벌한테 기생하는 벌이다. 엉덩이쪽에 길게 나와 있는 것은 산란관으로 이것으로 숙주의 몸에 알을 낳는다. 기생벌의 대부분은 사람이 알아차리지 못할 만큼 작기 때문에 눈에 잘 띄지 않는다. 곤봉호리벌류는 자의 눈금으로도 잴 수 있듯이 기생벌 중에서는 큰 편이다.

**박각시에 기생**_ 박각시 유충을 죽이지 않고 몸 속에서 양분을 조금씩 빨아 먹다가 번데기가 되기 직전에 박각시의 몸을 찢고 일제히 밖으로 나온 기생벌. 마치 에이리언 같다.　　　　　©天田眞

**진디좀벌의 기생**_ 진딧물이 갈색으로 부풀고, 몸의 일부에 구멍이 뚫려 있는 것을 볼 때가 있다. 이것을 '머미(mummy)'라고 부르고, 진딧물의 미라라고도 한다. 이런 작은 진딧물에도 기생하는 벌이 있다니 놀라울 따름이다.

**차독나방에 기생하는 고치벌류**_ 최근 차독나방이 대량 발생하면서 함께 자주 눈에 띄는 것이 기생벌이다. 농약을 사용하지 않는 정원에서는 이러한 기생벌 고치가 자주 발견된다.

## COLUMN

### 진디고치벌

진딧물의 천적은 무당벌레류나 풀잠자리류만이 아니다. 세상에 진딧물에 기생하는 진디고치벌도 있다. 기생당하는 진딧물은 《이상한 나라의 앨리스》에 나오는 커다란 계란 모양의 험프티덤프티 같은 체형이 되고 몸에 구멍이 생긴다.

　다 자란 기생벌은 이런 작은 구멍을 통해 벌집을 떠나는 것일까?

# 거미류

*Araneae*

- **서식장소**_ 종류에 따라 다양하다. 나무, 처마 밑, 관목, 풀 위나 밑동, 낙엽 위나 아래, 집 안 등
- **발생시기**_ 연중. 야외에서는 5~11월    ● 먹    이_ 살아 있는 벌레

거미는 전세계에 약 3만 종이 알려져 있으며 한국에는 약 600종이 분포한다. 종류에 따라 발생시기도 다르고, 같은 시기에 발생해도 높은 곳, 낮은 곳, 지면 등 사는 곳이 다르다.

생태계 안에서는 상당히 높은 위치에 있는 소비자이기 때문에 다양한 장소에서 살아 있는 많은 벌레들을 잡아먹는다. 따라서 거미가 많다는 것은 다른 종류의 생물도 많이 산다는 의미다.

거미류는 살충제에 매우 약하므로 사용하지 않는 것이 좋다.

거미 중에는 거미줄을 치는 거미와 거미줄을 치지 않고 돌아다니는 배회성, 토양성 거미가 있다.

그 중에는 다른 거미가 친 줄을 이용해 거미줄을 치기 시작하는 거미도 있다.

꼬리거미는 기본적으로 먼저 1줄을 치고, 가는 몸통과 다리를 앞뒤로 일직선이 되도록 곧게 뻗어서 거미줄과 구분이 되지 않는 모습으로 위장한다. 그리고 그 줄을 이용해 자신의 집을 만들려고 접근하는 거미를 잡아먹는, 거미를 먹는 거미이다.

잡초도 그렇지만 벌레도 같은 정원에서도 항상 같은 모습이 아니라 해마다 다르다. 우리집에서도 어느 해는 무당거미, 또 어느 해는 산왕거미 같은 대형 거미, 또 어느 해는 은먼지거미 등이 눈에 띈다.

또한 거미만큼 발생시기, 장소, 높이 등을 달리하며 사는 곳을 구별하는 곤충도 없다. 은먼지거미는 초여름에 많고 한여름이나 가을에는 거의 모습을 볼 수 없으며, 무당거미는 가을에 많이 발생한다. 그러나 그것도 내가 살고 있는 지역에서만 그렇다. 장소에 따라서 발생시기도 다르고, 지역에 따라서 발생하는 종류도 다르며, 거미에 한정된 것은 아니지만 한마디로는 말할 수 없다. 이것이 다양성이다.

산왕거미는 밤이 되면 예쁜 거미집을 만들고 아침에는 그 집을 먹어버린다. 그것을 매일 반복하는 성실한 거미다. 먹이가 거미줄에 걸려 진동이 느껴지면 암벽 등산가처럼 자신이 자유롭게 움직일 수 있는 줄을 쑥 늘려서 재빠르게 먹이를 잡아 줄로 돌돌 말아 버린다. 그리고 잡은 먹이의 체액을 쭉쭉 빨아 먹는다. 상당히 박력 있다.

그 외에도 농발거미과에 속하는 핀셋농발거미가 많이 돌아다니는 해가 있다. 이 거미는 집을 만들지 않고 배회하면서 먹이를 찾는 대형 거미인데 바퀴벌레까지 잡아먹는 용감한 녀석이다. 그래서 우리집은 바퀴벌레가 적다!

잘 알려진 거미로는 정원이나 처마 밑 등에 집을 많이 지어 매우 친근한 무당거미가 있다. 무당거미는 2~3일 간격으로 그물을 절반씩 새로 만드는데 주로 밤에 만든다. 이 거미는 먹이가 걸려도 돌돌 말지는 않는다.

《거미가 좋아》라는 책에는 한 농업시험장의 데이터가 실려 있는데, 논에 사는 거미의 생식수가 10월 상순에는 10a(아르) 당 5만 8천~9만 9천마리 이고, 하루 동안 잡아먹는 멸구류, 매미충류는 약 10만~23만 마리였다고 나와 있다. 이 데이터를 보면 당연히 정원에서도 거미가 왕성한 식욕을 발휘할 것이라고 짐작할 수 있다.

가끔 줄을 뽑으면서 바람을 타고 날아가는 거미를 볼 때가 있다. 어디까지 여행을 하는 걸까?

**COLUMN**

## 거미줄의 종류

거미줄은 배 밑면 끝에 있는 '방적돌기'라는 곳에서 나온다. 그것도 용도에 따라 여러 종류의 거미줄을 뽑아낼 수 있다니, 대단하다!

거미가 걷기 위한 줄, 그물의 테두리가 되는 줄, 방사상으로 만들기 위한 세로줄, 원형으로 연결하는 가로줄, 알주머니를 만드는 줄 등이다. 이처럼 다양한 줄을 용도에 따라 구분하여 그물을 만들기 때문에 먹이가 걸려들면 도망갈 수 없는데 반해, 거미는 그물 위를 자유자재로 걸어다닐 수 있다.

거미집은 단단하고 점성이 있어 새 둥지의 재료로 사용되기도 한다.

## 거미집은 천연방충망

무당거미는 집합성이 있는 거미로 서로의 그물 테두리줄을 이용하여 거미집을 만드는 습성이 있다.

예전에 근처에 사는 일본 거미학회 회원이 보여준 〈회원정보지〉에 이런 이야기가 실려 있었다.

양계업을 하는 사람이 어느 날 병으로 닭을 모두 잃었다. 그런데 닭이 병에 걸리기 전에 많은 무당거미가 닭장 주변을 둥글게 에워싸듯 빈틈없이 거미줄을 치고 있는 모습이 더러워 보여서 모두 걷어낸 일이 있었다고 한다. 죽은 닭이 걸렸던 병은 모기를 매개로 하는 바이러스 병이었다. 거미줄을 걷어내기 전까지는 무당거미가 닭장에 들어가기 전에 거미줄에 걸린 모기를 잡아먹어서 병에 걸리지 않았던 것이다. 거미집은 천연방충망, 또는 벌레를 막아주는 문이었음에 틀림없다.

거미류

**땅거미의 거미집_** 암컷 15~20㎜, 수컷 10~15㎜. 나무의 밑동, 집의 기초 부분, 정원석 등 땅에서 가까운 곳에 가늘고 긴 원통모양의 집을 만든다. 벌레가 거미집을 건드리면 거미집의 안에서 물어서 끌어들인다.

**무당거미_** 암컷 15~30㎜, 수컷 6~13㎜. 그물은 2~3일 간격으로 절반씩, 주로 야간에 새로 만든다. 이 거미는 먹이가 걸려도 돌돌 말지 않는다.
ⓒ佐藤浩一

**레비호랑거미_** 암컷 20~30㎜, 수컷 5㎜. X자 모양으로 보이는 것은 '숨는띠'로 자외선을 반사하여 곤충을 유인하는 역할을 한다.

**은먼지거미_** 암컷 6~7㎜, 수컷 5~6㎜. 거미인데 등쪽의 은색부분은 도마뱀붙이 모양이다. 대부분의 거미가 거미줄에서 아래쪽을 향하고 있지만 이 거미는 위쪽을 향하는 종류이다.

**산왕거미_** 암컷 25~30㎜, 수컷 15~20㎜. 밤에 거미줄을 치는 산왕거미. 매일 집을 새로 짓는 것이 힘들지만 새집이라 먹이가 걸리기 쉽다는 장점이 있는지도 모르겠다.
ⓒ佐藤浩一

**산왕거미_** 암컷 25㎜. 호주 원주민 애버리진의 전통문양처럼 박력이 있다. 낮에는 움직이지 않지만 밤이 되면 예쁜 그물을 친다. 아침에는 거미줄을 자기가 먹어 버린다. 그것을 매일 반복한다.

**먹이를 입에 문 개미거미류_** 암컷 7~8㎜, 수컷 5~6㎜. 너무나 개미와 닮은 거미. 앞에 있는 2개의 다리가 개미의 더듬이처럼 보여서 다리의 수를 셀 때도 6개(개미는 6개, 거미는 8개)로 세게 되는 등 좀처럼 구별하기 어렵다. 잎에서 뛰어내릴 때 실이 살짝 보여서 거미인지 알 수 있다.

**청띠깡충거미_** 암컷 5~7㎜, 수컷 5~6㎜. 개미를 먹는 배회성 거미. 앞다리를 흔들어 8자를 그리듯이 춤추며 구애를 한다고 하는데, 똑같은 행동으로 개미에게 최면술을 건 것처럼 가까이 오게 하여 잡아먹는 것을 목격한 적이 있다.

**꽃게거미의 먹이_** 암컷 6~8㎜, 수컷 3~4㎜. 배회성 거미. 꽃 그늘에 숨어서 꿀을 따러 오는 곤충들을 잡아먹는다.

**손짓거미_** 암컷 12~15㎜, 수컷 4~5㎜. 사진은 수컷으로 약 5㎜. 마른 가지로 착각해서 손을 대려고 하면 놀라서 도망간다. 이동할 때 굵은 앞다리를 움직여서 줄을 타고 가는 모습이 손짓하는 것처럼 보여서 '손짓거미'라고 부른다.

**방금 알에서 부화한 새끼 거미_** 일본에서는 많은 사람이 사방으로 달아나는 모습을 '새끼 거미 흩어지듯 한다'고 하는데 새끼 거미들의 모습이 실제로 그렇다. 이 중에서 성충으로 자라는 것은 몇 마리나 될까?

**꼬리거미_** 암컷 20~30㎜, 수컷 12~25㎜. 거미도 처음 1줄을 치는 것이 어려운지 이미 다른 거미가 쳐놓은 실을 이용하려 한다. 꼬리거미는 기본적으로 처음 1줄을 치고, 그 줄을 따라온 거미를 잡아먹는 거미이다.

# 개미류
*Formicidae*

- 서식장소_ 땅 위, 땅 속, 식물(특히 진딧물이나 깍지벌레가 있는 곳)   ● 발생시기_ 3~11월(8월은 감소)
- 먹     이_ 살아 있는 곤충이나 알, 유충, 생물의 시체, 씨앗, 단 음식 등
- 천     적_ 명주잠자리, 청띠깡충거미, 침노린재류, 새

개미를 싫어하는 사람이 많지만 개미는 유기농 정원에 없어서는 안 되는 존재이다. 죽은 벌레를 운반하는 모습을 자주 발견하는데, 개미는 자연계의 청소부라고 할 수 있다.

나무의 구멍 난 부분에 개미가 많이 있거나 개미집이 있을 때도 있다. 개미가 나무를 갉아서 피해를 준다고 오해하는 사람도 있지만 실은 썩은 부분을 들어내는 것이다. 즉, 나무 입장에서는 바람이 잘 통하게 되어 방호벽을 만들기 쉬워지고, 더 이상 썩지 않도록 도움을 받는 셈이다.

개미는 세계적으로 확인된 것만도 1만 종이 있다고 하는데, 실제로는 2배 정도 더 있을 것이라고 말하는 사람도 있다. 한국에는 5아과 39속 136종이 분포한다.

개미가 사람을 물어 병원균을 옮기는 등 큰 피해를 준 사례는 확인된 적이 없다. 단, 열대성 애집개미나 동아시아에 분포하는 배검은꼬마개미는 집 안에 침입하여 개미집을 짓고, 목재를 갉아먹기 때문에 지역에 따라서는 주의가 필요하다.

진딧물이나 깍지벌레와의 공생이 알려져서 그 때문에 개미를 싫어하는 사람이 많지만 실제로 진딧물과 공생관계에 있는 개미는 전체의 4분의 1 정도이다.

게다가 개미가 진딧물이나 깍지벌레가 배설한 감로를 집으로 가져가기 때문에 잎이 그을음병에 걸리지 않는다. 정원에 개미가 적으면 잎에 묻은 감로에 곰팡이가 생겨서 검게 변하기 때문에 광합성을 못해서 식물이 건강하게 자라지 못한다.

## COLUMN
### 개미가 기르는 담흑부전나비 유충

수가 줄고 있는 담흑부전나비는 개미가 많고, 진딧물이 있는 식물에 알을 낳는다.

부화한 유충은 잎을 먹지 않고 진딧물을 잡아먹는다. 유충이 조금 자라면 개미는 유충을 집 안으로 옮긴다. 담흑부전나비의 유충은 등을 통해 개미에게 감로를 주고, 개미의 입을 통해 먹이를 얻으면서 자란다.   《지구는 개미 행성》 중에서

또한, 개미는 진딧물과 공생할 뿐 아니라 너무 많이 늘어난 진딧물을 솎아내듯이 잡아먹어 개체수를 조정하기도 하고, 씨를 뿌리거나 벌레가 식물을 갉아먹는 것을 막아주는 등 생태계를 풍요롭게 하는데 공헌하고 있다.

흰개미류와 개미를 같은 종류로 오해해서 싫어하는 사람도 많지만, 개미는 흰개미류의 가장 막강한 천적이다. 살아 있는 흰개미를 차례차례 공격해 집으로 운반하는 개미를 정원에서 목격한 적도 있다.

개미는 나비나 나방류의 알 또는 약령유충을 먹거나 집에 가져가기도 한다.

무엇보다도 개미는 유익한 벌레이다.

개미에게 씨앗을 뿌리게 하는 식물이 있다. 얼레지, 제비꽃, 복수초 등은 씨앗 끝에 엘라이오좀(elaiosome)이라는 흰 부분이 있다. 이것은 젤리 상태의 지방산 덩어리로 개미가 좋아하는 간식이다. 깨끗한 것을 좋아하는 개미는 이 젤리를 먹은 뒤 집 밖에 씨앗을 버리러 간다. 식물은 고생하지 않고 씨앗을 뿌릴 수 있게 되는 것이다.

또 개미는 개미집귀뚜라미, 담흑부전나비의 유충을 개미집 안에서 키운다.

개미는 1억 년 이상 사회를 이루고 살아왔지만 자연을 파괴하기는커녕 오히려 생태계를 풍요롭게 하는데 공헌해 왔다.

개미는 알면 알수록 재미있는 생물이다. 기회가 되면 개미와 관련된 책을 읽고 개미의 생태에 대해서 알아보자.

## What To do　　　　　　　　　　　　　　　　　　　문제 해결

개미가 집에 들어왔을 때는 철저히 싸울 수 밖에 없는데, 개미가 집으로 들어오는 것은 단 음식 때문인 경우가 많다. 과자나 설탕이 아니더라도 우리집의 경우 맛술을 노리고 들어온 적이 있었다. 이럴 때는 단 음식을 잘 밀봉하여 냉장고에 넣어 원인을 없앤다.

그리고 처음에 온 정찰대에게 정보를 주지 않기 위해서 개미집으로 돌아가지 못하도록 잡아 없앤다.

마무리로 대황이나 톳 등을 졸인 국물을 천이나 솜에 적셔 개미가 다니는 길에 놓아둔다. 페퍼민트 오일도 좋다.

# 개미

**일본왕개미_** 새여왕, 18㎜. 4월 중순이 지날 무렵 날개가 있는 여왕개미 출현. 공중으로 날아올라 수컷과 교미한 다음, 다른 생물에게 먹히지 않고 돌아와야만 여왕으로 살아남는다. 하지만 살아남은 여왕도 땅을 파고 집을 만들어 산란실에 자리를 잡을 때까지는 모든 것을 스스로 하지 않으면 안 된다.

**비가 갠 뒤 팬지 잎 위를 기어가는 곰개미_** 일개미 4~6㎜. 곰개미 같은 대형 개미는 거의 행렬을 만들지 않는다. 병정개미가 없기 때문에 사무라이개미에게 개미집을 공격당하면 노예로 일하며 일생을 마친다.

**개미 vs 흰개미_** 땅 속에 박았던 기둥자리에 나타난 흰개미를 몸이 작은 개미가 차례로 공격해 끌고 간다. 흰개미의 천적은 개미라고 알고 있었는데 그것을 눈앞에서 보았다. 개미가 곤충 중에서도 상당히 강하다는 것을 새삼 실감한 순간이다.

**벌레의 시체를 운반하는 개미_** 개미는 자기 몸의 2배나 되는 무게도 아무렇지 않게 운반한다. 사람이 자신의 체중 2배가 나가는 것을 옮긴다고 생각해보면 개미가 얼마나 힘이 센지 알 수 있을 것이다.

**실외 배수구 옆에 핀 제비꽃_** 개미는 제비꽃 씨앗에 붙어 있는 엘라이오좀(elaiosome)을 매우 좋아한다. 사람으로 치면 젤리 과자 같은 것이다. 다 먹고 버린 씨앗에서 꽃이 핀다. 개미는 움직일 수 없는 식물의 세력 확대를 위해 씨뿌리기도 도와주고 있는 셈이다.

**개미 유충_** 돌을 치우니 놀란 개미가 유충을 이동시키기 시작한다. 개미 중에는 땅을 파지 않고 돌 밑에 살고 있는 개미도 있다. 게다가 개미집귀뚜라미나 민집게벌레 등 개미가 먹고 남은 찌꺼기를 노리는 다른 곤충도 함께 있는 경우가 많다.

COLUMN

## 게으른 개미

개미는 부지런한 일꾼의 대명사이다. 하지만 반드시 모든 개미가 부지런한 일꾼은 아니라는 연구 결과를 일본 홋카이도[北海道]대학 대학원 농학연구과에서 발표했다. 연구에 의하면 개미 중에도 오랫동안 움직이지 않는 개체가 있다는 것이 밝혀졌다고 한다. 개체 식별을 한 행동추적에 의하면 가시방패개미 집단에서 일개미의 10~20%가 한 계절 동안 계속 움직이지 않았다고 한다.

또, 집단에서 '일개미'와 '게으른 개미'를 제거하는 실험에서는 일개미를 제거했을 때 부족한 노동력을 보충한 것은 게으른 개미가 아닌 다음으로 일을 잘하는 개미였다고 한다. 게으른 개미가 제거되어도 다른 개체의 행동에는 아무런 변화가 없고, 일하는 개미들은 일을 계속했다고 한다.

게으른 개미는 병 때문에 또는 늙어서 일하지 않는 경우도 있겠지만 게으름을 피우는 것이 집단에서 꼭 필요하기 때문에 존재하는 것인지도 모른다고 발표했다.

## 개미를 부르는 벚나무

벚나무는 꽃 이외에 잎에 있는 꿀샘에서 단즙을 내어 개미를 유혹한다. 이것을 꽃바깥꿀샘(화외밀선)이라고 한다. 개미는 강한 벌레이므로 벚나무는 다른 벌레로부터 자신의 몸을 보호하기 위해 개미와 협정을 맺고 있는 것이다.

그렇다면 꿀샘이 없는 나무는 어떻게 보디가드 역할을 하는 개미를 부르는 것일까?

어쩌면 진딧물이 발생하는 것으로 개미를 부르는지도

벚나무의 꽃바깥꿀샘

모른다. 어느 정도 큰 나무라면 진딧물이 어린 싹을 갉아먹는 정도로는 시들지 않는다. 진딧물 이외의 식욕 왕성한 벌레들에게 큰 피해를 입는 것보다 진딧물이 와서 개미를 불러 주는 방법을 선택하는 것도 자연계에서는 있을 수 있는 일인 듯하다.

# 흰개미류

### *Isoptera*

- ● 서식장소_ 목재 데크, 목재 울타리, 대나무 울타리의 버팀목(원목) 등, 땅 속에 목재가 묻혀 있는 곳
- ● 날개미가 날아 오는 시기_ 흰개미 : 3~5월 오전 중
  집흰개미 : 5~7월의 밤, 불빛을 보고 날아온다.
- ● 먹       이_ 썩은 나무, 마른 나무, 다듬은 목재 등
- ● 천       적_ 참새 등 작은 새, 개미, 진드기, 집게벌레류

흰개미류는 빛을 싫어하고 축축한 목재를 좋아한다. 또한, 다른 생물과 접촉하는 것도 싫어한다.

집흰개미, 흰개미 등이 있고 5~50만 마리나 되는 집단을 만든다고 알려져 있다. 개미와는 달리 여왕뿐 아니라 남편인 왕도 있다. 여왕의 수명이 100년 정도라는 이야기도 있다.

흰개미류는 숲의 생태계 안에서 분해자로서 중요한 역할을 한다. 사실 정원의 구조물이나 집을 갉아먹는 것은 곤란하지만 만약 흰개미류가 이 세상에 없다면 숲속에 쓰러진 나무가 잘 분해되지 않아 숲은 황량해질 것이다. 목재를 소화하는 데에는 흰개미류의 장내 세균이 큰 역할을 하는 것으로 알려져 있다.

흰개미류는 원래 숲에 사는 생물이고, 정원의 초목을 직접 먹는 것은 아니다. 하지만 정원 울타리나 대나무 울타리의 기둥 등을 땅 속에 박은 경우, 지역에 따라서는 흰개미류에 의한 피해가 눈에 띈다.

시골 주택에 많이 사용하는 대나무 울타리는 자연 소재를 사용한 정원의 칸막이로 기능성과 장식성을 모두 가지고 있다. 예전에는 대나무 울타리의 버팀목인 원목 말뚝이 5~6년 정도는 유지되고 자연스럽게 썩어 들어갔다. 그런데 최근에는 흰개미류에 의한 피해가 늘어나서 빠르면 1년 이내에 피해를 입는 경우도 있다고 한다.

흰개미류는 개미라는 이름이 붙어 있지만 사실 개미가 아니다. 흰개미류는 바퀴목에서 갈라져 나왔으며 그래서 개미보다는 바퀴와 비슷한 점이 더 많다.

흰개미류의 천적은 개미이며 실제로 개미가 흰개미류를 공격해 집으로 운반하는 것을 목격한 적이 있다. 흰개미류를 없애기 위해 개미를 개미집째로 없앨 수 있는 독한 약을 집 주변에 놓거나 뿌리지 않기 바란다.

개미를 비롯해 많은 생물이 있다는 것, 즉 다양성을 유지하는 것이 흰개미류 방제의 포인트이다.

## What To do  ― 문제 해결

- 나무로 만든 물건을 바로 땅에 놓거나 묻지 않는다.
- 나무로 만든 울타리나 담장의 기둥은 콘크리트나 금속으로 기초를 만들어서 나무가 땅에 닿지 않게 고정한다. 목제 수납함 등도 반드시 콘크리트 주춧돌 위에 만들고, 아랫부분은 막지 말고 통풍이 잘 되게 한다.
- 흰개미류가 좋아하는 폐자재나 골판지를 집 주변이나 땅 위에 놓지 않는다.

흰개미류한테는 제충국이라는 국화과 식물의 꽃 분말이나 추출액이 효과적이라고 알려져 있다. 천연 제충국 분말이 유기농 매장 등에서 판매되는데 천연이라 하더라도 어독성*이 있을 정도로 강력한 것이어서 거미, 공벌레, 그리마, 개미 등도 죽일 수 있다. 제충국을 원료로 만든 살충제는 여러 가지 방법을 사용한 뒤 최후의 수단으로 사용하기 바란다.

*화학물질이 어패류에 대해 어느 정도 독성의 강도를 지니는지 알려주는 독성평가법 기준의 하나. 시험은 보통 잉어와 물벼룩으로 하는데 A류(약함)~D류(강함)로 독성을 표시한다.

## COLUMN

### 흰개미가 늘어나는 이유

최근 일본에서는 흰개미에 의한 피해가 늘고 있다.

그 이유는 사람이 산이나 그 주변을 개발하여 대규모 주택단지를 만들어 원래 살고 있는 흰개미의 생활권을 침범했기 때문이다.

또 한 가지 큰 이유는 집을 짓는 방법이 옛날과 달리 서양화 되고 있기 때문이다.

전통가옥은 마루 밑으로 반대편까지 볼 수 있는 통풍이 잘 되는 구조이다. 그런데 서양화한 주택은 주위를 둘러싸는 방식으로 기초 공사를 하고 있다.

다른 생물들은 들어오기 어렵고, 적당히 습기도 있는 서양 주택의 마루 밑은 그 틈으로 흰개미가 들어오면 눈 깜짝할 사이에 살기 좋은 '흰개미 천국'이 되어 버릴 것이다.

숲에 살던 흰개미이지만 마을이 점점 더 살기 편한 환경이 되어 버렸는지도 모른다. 다시 말해 사람에 의해 흰개미가 해충화했다고 할 수 있다.

## 흰개미류

**울타리의 다리**

**원목을 갉아먹는 흰개미**_ 땅 속에 박았던 원목을 뽑은 모습.

**대나무 울타리의 다리**_ 흰개미류의 피해를 입지 않기 위해 목재를 직접 땅 속에 박지 않는 방법을 찾았다.

**먹이를 찾아 이동하는 일개미 집단**_ 약 5㎜. 여왕개미는 매일 수십만 개의 알을 낳는다고 한다.

### 개미와 흰개미의 비교

| 흰개미 | 개미 |
| --- | --- |
| 바퀴벌레에 가까운 종류 | 벌목에 속한다 |
| 몸통에 잘록한 부분이 없다 | 몸통에 잘록한 부분이 뚜렷하다 |
| 유충일 때부터 일한다 | 성충이 일한다 |
| 번데기 기간이 없다 | 번데기 기간이 있다 |
| 암컷과 수컷이 같은 수 | 거의 암컷 |
| 식물을 먹는다 | 동물성, 식물성, 다양한 먹이를 먹는다 |

# 노래기류

*Diplopoda*

- 서식장소_ 돌 밑, 마른 잎 밑
- 발생시기_ 3~11월
- 먹  이_ 썩은 식물이나 균류

노래기류는 정원에 있는 불쾌한 해충의 대표쯤으로 인식되기 때문에 그 억울함도 가장 클지 모른다. 다리가 많아서인지 싫어하는 사람이 많다. 하지만 썩은 잎이나 마른 잎을 먹어 분해하는 유익한 벌레이다.

드물게는 노래기가 선로에 많이 생겨서 기차를 미끄러지게 만들기도 한다. 정원에서 흔히 보는 고운까막노래기는 위험을 느끼면 몸을 소용돌이 모양

고운까막노래기 20㎜

으로 둥글게 틀고, 구슬노래기류는 공벌레처럼 몸을 둥글게 만들기도 한다. 모두 분해자로 중요한 역할을 하므로 겉모습만 보고 싫어하지 않기 바란다.

## COLUMN
### 신기한 모습의 노래기

광대노린재나 비단벌레 등 멋있는 벌레도 좋지만, 도감에도 나와 있지 않은 수수한 벌레도 매우 재미있다. 어떤 정원에서 침목노래기 (*Niponia nodulosa*)라는 의미를 지닌 노래기를 발견했다. 벌레를 좋아하는 지인은 '멀지 않은 미래와 원시시대가 일체화 한 듯한 녀석'이라고 잘 표현했다.

이 노래기 종류는 도감 등에 거의 나와 있

*Niponia nodulosa* : 15~12㎜

지 않다. 그보다 도감은 노래기류 따위는 거의 상대하지 않는다. 그래서 발견했을 때는 '뭐야 이거?'하고 생각했었는데, 이 신기한 모습에 매료되어 재빨리 촬영했다. 움직임도 매우 느리고 우아하고 아름답다.

일본에서는 이 노래기가 선로 아래에 까는 나무(枕木 : 마쿠라기)와 닮았다고 해서 '침목노래기'라고 부른다. 많이 생겨서 기차(气車:키샤)를 정지시키기도 하는 노래기(*Parafontaria laminata*)는 '기차노래기'라고도 부른다.

노래기류는 부식토나 균류를 먹는 분해자이다. 다시 말해 좋은 흙을 만들어 주는 고마운 생물이다.

# 공벌레류
*Armadillididae*

- 서식장소_ 썩은 나무, 돌, 마른 잎 밑, 덧거름 밑
- 발생시기_ 2~11월
- 먹    이_ 썩은 식물이나 낙엽
- ※ 만지면 몸을 공처럼 둥글게 만든다.

정원의 '불쾌한 해충'이라고 하면 떠오르는 벌레가 바로 공벌레류이다. 화분 바닥 등에 집단으로 모여 있기 때문인지 소중한 식물의 잎을 갉아먹는다는 오해를 받고 나쁜 벌레 취급을 당한다. 하지만 알고 보면 인간에게 해를 끼치지 않고, 썩은 잎이나 마른 잎을 먹고 분해하여 땅을 풍요롭게 해주는 유익한 벌레이다.

공벌레류는 땅 위에만 있지 않고 높은 나무에도 올라간다. 높은 참나무 울타리(참나무 가지를 유인해 오랜 시간에 걸쳐 높은 담처럼 만든 산울타리)를 다듬고 있으면 Y자 모양 가지의 홈에 많은 공벌레가 모여서 홈 부분에 쌓인 마른 잎을 먹고 있는 모습을 볼 수 있다. 나뭇가지에 마른 잎이 썩은 채 남아 있으면 곰팡이가 생기기 쉽고, 나무껍질의 형성을 막기도 해서 좋지 않다. 그것을 공벌레가 분해하는 것이다. 공벌레는 이름에 '벌레'라는 단어가 들어가지만 실은 새우나 게와 같은 종류로 분류상 절지동물 갑각류 등각목에 속한다.

정원에서 쉽게 볼 수 있는 공벌레는 유라시아 원산의 귀화동물이다.

## 공벌레류

**탈피중인 공벌레_** 사람이 먼저 윗옷을 벗고 난 다음 바지를 벗는 것처럼 몸의 절반씩 탈피한다. 왼쪽의 색이 짙은 부분이 탈피한 부분이고, 오른쪽 회색부분이 앞으로 탈피할 부분이다.

**공벌레_** 10~14㎜. 공벌레류는 겉모습이 징그럽지만 마른 잎, 썩은 잎을 먹고 흙에 돌려주는 분해자이다. 만지면 몸을 둥글게 공모양으로 만들어서 붙여진 이름이다. 왼쪽 아래는 둥글게 만 모양.

## What To do — 문제 해결

공벌레가 많이 생기는 것은 분해되지 않은 유기물이 많다는 것이다. 낙엽을 그대로 두면 지표에 바람이 잘 통하지 않게 되고, 병원균이나 '해충' 등의 벌레들이 겨울을 나는 장소가 되기도 한다. 덜 숙성된 퇴비나 부엽토가 있는 장소도 마찬가지다. 마른 잎을 해치우거나 퇴비로 정원에 돌려준다. 퇴비는 완전 숙성시켜서 사용한다. 공벌레 자체가 분해자이므로 그대로 놔두면 된다. 시들지 않은 꽃이나 잎, 채소를 먹는다는 보고도 있으므로 앞으로 확인해야 한다.

# 쥐며느리

*Porcellio scaber*

- 서식장소_ 썩은 나무, 돌, 마른 잎 밑, 덧거름 밑
- 발생시기_ 2~11월
- 먹  이_ 썩은 식물이나 낙엽
- ※ 공벌레보다 몸은 편평하다. 만져도 몸을 둥글게 말지 않는다.

공벌레류와 비슷하지만 더 납작한 느낌으로 광택이 없다. 공벌레류는 만지면 몸을 둥글게 말지만 쥐며느리는 만져도 몸을 말지 않는다.

공벌레류보다 습기가 없는 곳을 싫어한다. 즉, 공벌레보다 더 축축한 장소를 좋아한다. 하지만 공벌레류보다 빠르다.

썩은 잎이나 마른 잎을 먹고 분해시킨다. 젖은 퇴비 박스 안에서 흔히 발견되는 것은 공벌레류보다 쥐며느리가 더 많다.

## 쥐며느리류

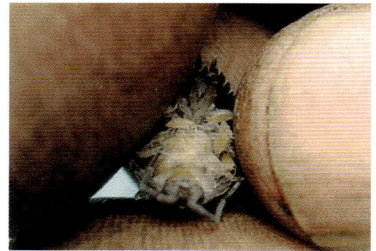

**쥐며느리의 부화_** 쥐며느리는 배 안에서 알을 깐다. 공벌레류도 동일하다.

**쥐며느리_** 10~12㎜. 쥐며느리도 공벌레류처럼 마른 잎, 썩은 잎을 먹고 흙으로 돌려주는 분해자이다. 쥐며느리는 만져도 동그랗게 말지 않는다. 공벌레류보다 더 축축한 장소를 좋아한다. 공벌레류보다 빠르다.

# 그리마류

*Scutigeromorpha*

- 서식장소_ 어둡고 습한 곳
- 발생시기_ 7~11월
- 먹    이_ 살아 있는 곤충

다리가 매우 길고 많아서 사람들이 싫어하는 벌레이다. 하지만 작은 벌레나 바퀴벌레의 알과 유충을 잡아먹기 때문에 그리마가 집에 있으면 행운이라고 할 수 있다. 사람을 물지도 않는데다 매우 겁쟁이라서 사람과 우연히 마주치면 좁은 틈으로 쏜살같이 숨어버린다. 최근에는 집의 밀폐성이 높아져 집에서 보는 일이 적어졌다.

다리는 15쌍 30개 있는데 적과 만나면 스스로 다리를 자르고, 적이 움직이는 다리에 정신을 빼앗긴 틈을 타 달아나는 기술을 사용한다. 약 6년 정도 산다고 알려져 있다. 우리집에는 음식물쓰레기로 만든 퇴비 속에 많이 있으며 여러 가지 벌레를 잡아먹는다.

내가 그리마의 움직임이나 색이 예뻐서 '영국의 아스콧 경마장에서 귀부인이 쓰는 털장식이 달린 모자 같다'고 하면 너무 긴 형용사와 엉뚱한 비유라고 비웃음을 사곤 한다.

천적으로 꼭 검토해야 하는 벌레 중 하나이다.

## What To do — 문제 해결

정원에 있는 경우에는 그냥 놔두면 된다. 집 안에 있어도 그대로 두어도 괜찮지만 아무래도 싫은 경우에는 우선 집 청소를 해야 한다. 그리마는 벌레가 많은 곳에 있기 때문이다. 바퀴벌레의 배설물이나 진드기가 좋아하는 먼지를 제거하는 것이 가장 근본적인 대처법이다. 그리고 죽이지 말고 어떻게든 생포하여 밖에 놓아주기 바란다.

### 그리마류

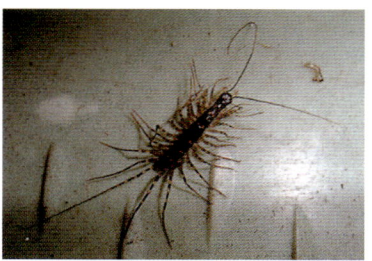

**스스로 다리를 자르는 그리마** 20㎜. 적과 마주치면 스스로 다리를 잘라서 적이 움직이는 다리에 정신을 빼앗긴 틈을 타 달아나는 기술을 사용한다. 오른쪽 위에 1개의 잘린 다리가 있다.

**그리마** 25~30㎜. 다리가 아주 길고 많아서 (15쌍 30개) 사람들이 싫어한다. 하지만 사람한테 해를 끼치는 일이 전혀 없고 다른 벌레를 잡아먹는다.

# 지네류
*chilopoda*

- **서식장소**_ 돌 밑, 썩은 나무 밑, 낙엽 밑 등
- **발생시기**_ 4～11월
- **먹    이**_ 살아 있는 곤충
- **천    적**_ 뱀, 도마뱀, 벌, 새, 일본두더지, 일본땃쥐

지네류는 육식성으로 나방의 유충, 거미, 지렁이, 민달팽이, 거염벌레 등을 먹는다.

바퀴벌레 등을 쫓아 집 안으로 들어오기도 하므로 방충망을 잘 닫아두는 것이 좋다.

지네의 독은 강해서 사람들이 두려워하지만 지네쪽에서 이유 없이 사람을 공격하는 일은 없다. 사람이 옆에 와서 모르고 밟는 일도 있기 때문에 몸을 지키기 위해서 무는 것이다.

집 안에 있는 것을 발견하면 축축한 이불 등을 좋아하므로 지네가 싫어하는 라벤더를 잘 때 이불 밑에 깔아둔다. 녹나무에서 추출한 기름인 천연 장뇌유도 효과가 좋지만 냄새가 심해서 잠을 잘 수 없을지도 모르므로 권하고 싶지는 않다.

집 안에서는 목욕탕이나 세면대 등 습기가 있는 곳을 좋아한다. 야행성이므로 낮에는 거의 나오지 않는다.

집 안에서 보게 되면 집게로 집어 밖으로 내보내거나, 최악의 경우에는 죽일 수밖에 없지만 정원에서는 민달팽이나 거염벌레를 잡아먹기 때문에 꼭 있어야 하는 벌레이다.

15㎝ 정도로 자라려면 3년 정도 걸린다고 한다. 수명은 길면 7년 정도로 벌레 중에서는 장수하는 편이다.

천하무적으로 보이는 지네에게도 천적이 있다. 뱀, 도마뱀, 벌, 새, 일본두더지, 일본땃쥐 등에게 잡아먹힌다.

## What To do    문제 해결

방충망을 잘 닫고 열어둔 채로 방치하지 않는다. 문 밖에 신발을 놓아두는 경우에는 신기 전에 신발 속을 확인한다.

천연 녹나무에서 추출한 장뇌유나 라벤더 오일을 집 주변에 뿌린다.

집 안에 있는 경우에는 집게로 잡아서 밖에 버린다. 가능한 죽이지 말고 쫓아내기 바란다. 주변이 지네가 있을 만한 환경이라면 집게를 늘 근처에 준비해 둔다.

물리면 독제거기로 독을 제거한다. 독제거기가 없는 경우에는 물린 부분을 손으로 세게 눌러 독을 빼내고 흐르는 물에 씻는다. 그리고 티트리 오일을 바른다. 붓고 아픈 경우나 가려운 경우에는 냉찜질을 하면 혈관이 수축해 혈관 안으로 독이 흡수되기 어려워진다. 걱정되면 병원에 간다.

## 지네류

**장남지네과의 지네**_ 50~60㎜. 장남지네과에 속하는 종류로 다리는 23쌍이다. 사진은 *Scolopocryptops*.

**왕지네과의 지네**_ 60~90㎜. 다리가 21쌍이다. 왕지네과에 속하며 색이 매우 아름다운 지네로 독이 강하다. 사진은 *Scolopendra subspinipes japonica*.

**도망치는 왕지네**_ 우연히 만나면 굉장한 기세로 도망친다.

**왕지네**_ 80~150㎜. 정원에서 민달팽이나 거염벌레 등을 잡아먹는다.

## COLUMN

### 지네한테 물렸다!

딱 한 번 지네에게 물린 적이 있다. 10㎝ 정도 되는 왕지네과의 대형 지네였다.

부엌에서 젖은 타월에 손을 닦는데 그 속에 있었다. 뜨거운 인두에 눌린 것 같은 심한 통증이 한순간에 전달됐다.

바로 독제거기로 독을 빨아내고 티트리 오일을 발랐더니 붓지도 않고 다음날 조금 가려운 정도로 나았다. 심한 경우에는 림프샘염을 일으키거나, 열이 나기도 한다.

지네류는 큰 소리를 싫어하기 때문인지 그 후로 내가 깨어 있을 때는 두 번 다시 나타나지 않았다.

요즘은 잠자리에 들기 전에 '내가 잠들면 바퀴벌레 먹으러 와!'하고 보이지 않는 지네에게 큰 소리로 말을 걸고 있다.

# 사마귀류

*Mantodea*

- **서식장소_** 정원의 여러 가지 식물
- **발생시기_** 왕사마귀 : 8~10월(68~95㎜), 사마귀 : 9~11월(60~85㎜), 넓적배사마귀 : 8~10월(45~71㎜)
- **먹   이_** 살아 있는 곤충(메뚜기, 귀뚜라미, 나비나 나방의 유충, 파리, 거미, 진딧물 등)
- **천   적_** 새, 철선충류

왠지 의인화하고 싶어지는 재미있는 모습으로, 움직임이 묘하게 기계적이다. 낫을 들고 있는 듯한 모습은 박력 있어 보이고 아이들에게도 인기가 많다.

사마귀류의 눈은 겹눈이기 때문에 전체로 빛을 모을 수 있어 어디에서 보아도 이쪽을 보고 있는 것처럼 보인다.

사마귀는 정원을 걸으며 먹이를 찾고, 살아 있는 곤충이나 유충 등을 잡아먹는다. 그러나 무당벌레가 진딧물을 잡아먹는 것처럼 해충만 먹는 것은 아니고 다양한 생물을 먹는다. 그래도 사마귀류가 있으면 어떤 종이 폭발적으로 늘어나는 것을 막는 데 큰 도움이 된다.

한번은 정원에서 박각시류의 종령유충을 3시간에 걸쳐 먹어치우는 것을 본 적이 있다. 종류까지는 모르지만 상당히 큰 박각시류 나방이었다.

가을이 되면 사마귀 알이 눈에 띈다. 알을 낳아 힘이 다 빠진 암컷도 있다. 가지치기용 가위의 날 부분에 알을 낳은 사마귀도 있었다.

사마귀 알은 알주머니에 싸여 있으며 1개의 알주머니 속에 대략 200개 정도의 알이 들어 있다. 1마리의 암컷이 낳는 알주머니가 7개 정도라고 하니, 평생 대략 1,400~1,500마리 정도의 새끼를 낳는 것이다.

하지만 그 중에서 성충이 되는 것은 불과 10마리 정도이다. 정원을 돌아다니는 사마귀는 그런 험난한 자연계에서 살아남은 대단한 존재이다.

## COLUMN

### 사마귀류와 철선충류

가을이 되면 사마귀류의 엉덩이에서 검은 바늘 같은 것이 나와 있을 때가 있다. 이 바늘의 정체는 철선충류로 사마귀류의 몸속에 있는 기생충이다.

철선충류의 일생은 제법 눈물겨운 여행기이다. 철선충류는 물 속에 알을 낳고, 부화한 유충이 하루살이 유충 등에 기생하고, 성충이 된 하루살이를 사마귀가 먹으면 사마귀 몸속에 기생하여 성충이 된다. 상당히 힘들게 기생하고 있는 것이다.

## 사마귀류

**왕사마귀_** 암컷, 약 70㎜. 알을 낳기 직전이어서 배가 크다.

**넓적배사마귀_** 상대를 위협하기 위해 엉덩이를 들어올린다.

**먹이를 먹고 있는 사마귀_** 박각시류의 유충을 몇 시간에 걸쳐 먹어치웠다.

**왕사마귀의 알주머니_** 이 안에 200개 정도의 알이 들어 있다.

　물 속에 알을 낳아도 하루살이 유충 등이 먹지 않으면 끝이다. 어떻게든 잡아먹혔다고 해도 그 숙주를 사마귀가 먹어주지 않으면 또 끝이다. 설사 운 좋게 사마귀 몸속에 들어갔더라도 사마귀의 배벽에서 몸을 내밀 때 주위가 건조하면 탈출을 못해서 또 끝이다. 그래서 마지막에 사마귀가 물가로 가도록 유도한다고 한다.
　사마귀가 물가에 도착해 배가 물에 잠기면 철선충류가 배를 뚫고 물 속으로 헤엄쳐 나온다. 그리고 물 속에서 암수가 만나 교미하고 다시 알을 낳는 일생을 보내는 것이다.
　너무나 비효율적이라는 생각이 들지만 생물의 세계는 사람이 생각하는 효율만으로는 헤아릴 수 없는 무엇인가를 내포하고 있는지도 모르겠다.

# 북방보라금풍뎅이
*Eogeotrupes laevistriatus*

- 서식장소_ 땅 위. 풀숲
- 발생시기_ 6~9월
- 먹이_ 동물의 배설물

음식물쓰레기로 만든 퇴비 속에 쇠똥구리와 닮은 벌레가 있었다. 《파브르 곤충기》에 나오는 쇠똥구리와 얼굴이나 팔, 다리가 모두 똑같았다.

이 벌레는 북방보라금풍뎅이(몸길이 약 1.8cm)이다. 배설물을 질질 끌고 가지만 《파브르 곤충기》에 나오는 쇠똥구리처럼 배설물을 굴리지는 않는다. 땅 속에 배설물로 소세지를 만들어 놓고 새끼들을 키우는 듯하다.

일본의 나라[奈良]공원에서는 잔디밭에 사슴을 풀어놓고 키우기 때문에 사슴의 배설물을 노리는 북방보라금풍뎅이와 닮은 보라금풍뎅이가 많이 있다고 한다. 북방보라금풍뎅이는 매너 없는 사람들이 다니는 개 산책로에서 발견되기도 한다.

북방보라금풍뎅이의 일본 이름인 '센치코가네'는 화장실을 의미하는 '세친[雪隱]'에서 유래되었다고 한다. 들판이나 공원이 배설물투성이가 되지 않는 것은 이 벌레 덕분인지도 모르겠다.

# 넓적송장벌레(국내미기록)
*Eusilpha japonica*

- 서식장소_ 땅 위
- 발생시기_ 3~9월
- 먹이_ 동물의 시체

거대한 검정 공벌레 같은 모습 때문에 깜짝 놀라는 사람이 많은 이 벌레는 송장벌레과에 속하는 넓적송장벌레(국내미기록)의 유충이다.

송장벌레라는 이름은 시체를 먹는 것에서 붙여진 이름으로 생물의 시체가 있는 곳이라면 어디든지 가서 깨끗이 먹어치우는 '청소부'이다.

의외로 큰 벌레이지만 생물의 시체가 없으면 나타나지 않고 사람의 시선이 잘 닿지 않는 지표 부근에 사는 벌레여서 눈에 잘 띄지 않는지도 모른다.

직박구리의 시체에 넓적송장벌레(국내미기록)의 유충과 성충이 모여들어 1주일 사이에 날개를 제외한 모든 부위를 깨끗이 먹어치우는, 자연계 청소부의 위력을 본 적이 있다.

##  북방보라금풍뎅이

**꼬마붙이소똥풍뎅이**_ 7~8㎜. 육식·잡식동물의 배설물을 찾아온다. 노란색은 동물의 배설물.

**북방보라금풍뎅이**_ 18㎜. 초식동물의 배설물도 먹는다. 개체에 따라 색이 다르다.

##  넓적송장벌레(국내미기록)

**성충**_ 18~23㎜. 개미와 함께 죽은 새를 먹는 모습.

**유충**_ 20㎜. 시체를 흙으로 되돌려 주는 분해자.

## COLUMN

### 식물의 기분

벌레에게 먹히는 식물의 기분은 어떨까?

   라디오에서 아프리카에 대한 이야기가 나왔는데 얼룩말, 기린 등 초식동물의 먹이가 되는 식물은 어느 정도 먹히면 동물이 맛없다고 느끼게 되는 물질을 내보낸다고 한다.

   그렇다면 왜 처음부터 그런 물질을 내보내지 않고 어느 정도 먹힌 다음에 내보내는 것일까? 어디까지나 상상이지만 식물은 잎을 먹이로 제공함으로써 동물들을 모으고, 배설물을 배출하게 하여 흙을 기름지게 하는 것은 아닐까? 즉, 식물은 어느 정도 먹히는 것을 전제하고 있는지도 모른다.

   또, 식물한테 음악을 들려주어 성장을 촉진시키는 방법이 있는데 새소리, 그 중에서도 새벽녘에 지저귀는 새소리를 들려주면 성장 속도가 크게 빨라진다고 한다. 그렇다면 새들을 부르기 위해 식물은 새의 먹이가 되는 나비나 나방류의 유충을 키우고 있다고 볼 수도 있을 것이다. 이렇게 생각하면 식물은 사람이 생각하는 것처럼 '벌레에게 먹히는 것은 절대 용서 못해'라고는 생각하지 않을지도 모른다.

# 파충류 · 양서류

벌레는 아니지만 매우 믿음직스러운 정원 생물 중 파충류 · 양서류가 있다. 이들은 그 수가 점점 줄어들고 있다. 만약 정원에 있다면 소중히 여겨주기 바란다.

이들은 나방의 성충이나 번데기로 변하기 위해 나무 위에서 흙으로 내려오는 나비나 나방류의 유충 등을 잡아먹는다. 야행성이 많아서 밤에 활동하는 민달팽이나 거염벌레도 잡아먹는다.

 **파충류 · 양서류**

**올디장지뱀**_ 몸길이 160~270㎜. 정원의 왕자로서의 관록을 보여주는 모습. 도마뱀 같은 광택은 없다. 나무도 2m 정도까지는 올라간다. 잡힐 것 같으면 스스로 꼬리를 자르고 도망간다.

**도마뱀붙이**_ 몸길이 100~140㎜. 물받이에 쌓인 마른 잎과 흙을 청소하는 중에 나왔다. 인도네시아에서 본 도마뱀붙이류는 등불에 날아든 자기 몸보다 큰 나방을 순식간에 잡아먹었다.

**올디장지뱀의 교미**_ 평소에 재빨리 도망갈 장지뱀류도 이때는 가까이 접근해도 도망가지 않았다.

**도마뱀 알**_ 10㎜. 도마뱀이 많이 있는 정원의 흙 속에서 나온 알.

**지렁이를 먹고 있는 새끼 도마뱀**_ 곤충이나 거미 등을 먹지만 지렁이도 잡아먹는다. 사진은 Plestiodon japonicus.

**새끼 도마뱀**_ 몸길이 160~250㎜. 이 도마뱀 (Plestiodon japonicus)은 무지개색으로 빛나서 매우 아름답다. 최근 일본의 주택가에서는 수가 줄고 있다

**뱀 허물**_ 회양목에 남겨진 뱀의 허물. 길이가 1m 이상은 되었다. 일본 특산뱀(*Elaphe quadrivirgata*)의 허물인 듯하다. 나무 위에 허물이 있는 이유는 가지나 잎의 뾰족한 부분을 이용해 허물을 벗었기 때문인 것으로 짐작된다.

**뱀**_ 약 50㎝. 장작용 두꺼운 나무 그루터기를 치웠더니 아직 어린 뱀(*Dinodon orientale*)이 있었다. 회갈색과 어두운 핑크색이 너무 아름다운 뱀. 도마뱀이나 장지뱀을 잡아먹는다. 야행성인 이 뱀은 쉽게 볼 수 없기 때문에 '환상의 뱀'이라고도 한다.

**청개구리**_ 40㎜. 청개구리류는 같은 종류인지 의심이 생길 정도로 크기에 차이가 많고, 약 20~45㎜까지 다양하다. 이 개구리는 40㎜ 정도였다. 주위 환경에 의해 색이 크게 변한다.

**아즈마두꺼비**_ 약 150㎜. 마른 풀을 치우다가 잡게 되었는데, 살펴보니 겨울잠을 자고 있던 두꺼비 종류였다. 몸에 돌기가 있고, 독을 분비해 천적이나 병원균으로부터 자신을 보호한다.

**청개구리**_ 약 25㎜. 장난감처럼 귀여운 청개구리. 청개구리는 기상캐스터이다. 비구름이 가까이 오면 계속 개굴개굴 운다.

**옴개구리**_ 약 50㎜. 우리집 수련화분에 알을 낳으러 온 옴개구리 암컷. '주름돌기개구리'라고도 한다.

 # 새

새는 나비나 나방류의 유충을 잡아먹는다. 매우 믿음직스러운 유기농 정원의 조력자로서 꼭 정원의 단골손님으로 만들고 싶은 생물이다. 그러기 위해서는 평소에 정원의 환경을 잘 정리해 두는 것이 중요하다.

새는 기억력이 좋아서 자신의 활동 범위에 대한 정보를 상당히 정확하게 기억하고 있다고 한다. 그래서 더욱 '이 정원은 살기 좋아!'라는 인상을 주는 것이 중요하다.

새가 좋아하는 것은 무엇보다도 동물성 단백질원인 나비나 나방류의 유충이다. 농약을 뿌리지 않는 정원에는 새가 자주 찾아온다. 새도 유기농을 좋아하는 것이다.

그리고 열매가 열리는 나무를 심어야 한다. 초가을에 열매를 맺는 나무를 심어 놓으면 새가 열매를 먹기 위해 정원으로 찾아온다.

겨울철에 먹이가 줄어들었을 때는 새 먹이통(버드피더) 등에 먹이를 준비해 둔다.

1년 내내 먹이를 주는 사람도 있는데 그렇게는 하지 않는 것이 좋다.

봄부터 가을까지는 벌레 등을 스스로 잡아먹게 하고, 11~4월경까지 나비나 나방류의 유충, 잎벌레 등이 없을 때만 먹이를 준다.

4월이 되면 조금씩 먹이의 양을 줄이면서 하순까지만 먹이를 준다. 갑자기 먹이를 주지 않는 것은 새의 입장에서 가혹한 처사이므로 조금씩 줄이는 것이 포인트이다.

야생새에게는 절대로 먹이를 주면 안 된다는 사람도 있지만 사람의 손으로 야생 환경을 훼손시킨 지금 겨울철만이라도 생식환경을 조절하는 도움이 필요하다.

텃새*로 도심의 주택에서도 볼 수 있는 박새는 새집을 걸어두면 서식할 확률이 높다.

\* 다른 곳으로 날아가지 않고, 1년 내내 그 지역에서 서식하는 새

## COLUMN

### 누가 유충을 잡아먹는 것일까?

우리집 영귤나무에 살고 있는 남방제비나비의 유충은 종령이 되면 매일 1마리씩 없어진다. 성장한 제비나비 유충의 사진을 찍고 싶어서 즐거운 마음으로 기다리고 있는데 새인지 벌인지, 무엇인가가 유충을 잡아먹고 있었다. 도대체 무엇이 유충을 잡아먹는 것일까?

한편, 해충이 발생했다고 농약을 뿌린 정원에는 새가 거의 날아오지 않으므로 매년 농약을 치는 처지가 된다.

## 정원에 찾아오는 새

텃 – 텃새, 철 – 철새. 대략적인 몸길이와 특징을 소개한다.

| 이름 | 구분 | 크기 | 특징 |
|---|---|---|---|
| 제비 | 철 | 17cm | 3~10월경.<br>'쫏, 쫏, 쫏, 쮸르르르' 또는 '삐찌, 삐찌, 지지지, 쭈이'하고 운다. |
| 박새 | 텃 | 15cm | '쥬쥬, 치이, 치이, 쥬쥬, 치이, 치이'하고 운다.<br>검은 넥타이를 한 것처럼 보인다. |
| 동박새 | 텃 | 12cm | '찌이, 찌이' 하고 높은 소리로 울고, 경계할 때는 '킬, 킬, 킬, 킬' 하는 소리를 낸다. 한국 동박새는 옆구리가 적갈색이다. |
| 직박구리 | 텃 | 28cm | '삐이요, 삐이요, 삐, 삐, 히이요, 히이요' 하고 길게 끄는 소리로 운다.<br>겨울에는 주로 식물의 열매를 먹고, 여름에는 동물성인 곤충을 먹는다. |
| 찌르레기 | 텃 | 24cm | 번식기에는 '큐킷, 큐리리릿' 하고 높은 소리로 울며, 경계할 때는 '기엣, 기엣' 또는 '킷, 킷, 킷'하고 날카롭게 운다.<br>가로수 등에 수백 또는 수만 마리가 집단으로 둥지를 형성하기도 해서 울음소리와 배설물 때문에 문제가 되기도 한다. |
| 물까치 | 텃 | 37cm | '구이-, 구이-' 또는 '게-이, 게-이, 게-이'하고 운다.<br>짝을 만들지 못한 무리 중의 한 마리나 작년에 태어난 새끼가 다른 쌍의 새끼 키우기를 돕는다. |
| 휘파람새 | 철 | 13~16cm | '호오오 호케꾜'하고 운다. |
| 딱새 | 철 | 14cm | 10~5월경.<br>'힛, 힛, 힛, 힛' 하는 맑은 소리와 '괏, 괏, 괏' 하는 낮은 소리를 내며 운다.<br>수컷은 배가 오랜지색으로 날개가 검고 매우 예쁘다. 겨울철에 정원을 손질하고 있으면 다가온다. 사람이 땅을 판 곳을 쪼아서 벌레를 찾는 것처럼 보인다. |
| 노랑지빠귀 | 철 | 24cm | 10~5월 상순경.<br>'키오롯, 키요롯, 키요롯, 키찌, 키찌, 키찌' 하고 운다.<br>공원 등 트인 곳에 몇 마리씩 무리지어 돌아다닌다. |
| 여새류 | 철 | 20cm | 2~4월경이지만 날아오는 시기나 장소는 해마다 차이가 많아 추정이 곤란하다. 다양한 나무의 열매를 먹으며 겨우살이 씨앗을 운반하는 것으로 유명하다. |
| 때까치 | 텃 | 20cm | '키킷' 하고 운다.<br>도마뱀 등의 작은 동물을 가지에 꽂아두는 버릇이 있어서 이를 '때까치의 비상식량'이라고 한다. |
| 백할미새 | 텃 | 21cm | '휘이-, 휘이-'하고 부드러운 소리를 낸다.<br>땅 위를 걸으면서 꼬리를 위아래로 흔든다. |
| 집비둘기 | 텃 | 33cm | 나무 위에 가지로 엉성하고 평평한 집을 만든다. |

# 새

**페트병으로 만든 새 먹이통**_ 페트병에 앉을 수 있도록 나무젓가락을 꽂았다. 페트병 아래쪽에 몇 군데 정도 가로로 구멍을 내서 새가 부리로 먹이를 꺼낼 수 있도록 만들었다.

**목재 새 먹이통**_ 까마귀가 들어가지 못할 정도의 높이로 지붕을 만들어 먹이가 비에 젖지 않도록 했다. 사람이 주는 먹이는 자연에서 먹이를 구하기 힘들어지는 11~4월까지 주고, 4월이 되면 조금씩 먹이를 줄여 4월 중에는 그만 주도록 한다.

**박새용 새집**_ 새에 따라 구멍의 크기나 깊이가 다르다. 우리집에서는 이 새집에서 1년에 2회 새끼 새들이 자라서 둥지를 떠났다.

**박새**_ 15㎝. 주택가에도 많이 살고 사람에 대한 경계심도 그다지 강하지 않다. 게다가 1년 내내 볼 수 있고 나비나 나방의 유충을 좋아한다. '쥬쥬, 치이, 치이, 쥬쥬, 치이, 치이'하고 울고, 마치 검은 넥타이를 맨 것처럼 보이므로 기억하기 쉽다.ⓒ佐藤浩一

**직박구리의 둥지와 알**_ 직박구리의 둥지 바깥쪽에는 비닐테이프 등을 사용했지만 알을 낳는 곳에는 화학제품을 전혀 사용하지 않았다.

**죽절초 열매**

**감**

겨울나무나 풀의 열매는 관상용으로도 아름답지만 새의 먹이로도 매우 소중하다. 감의 경우 '마지막 몇 개는 새를 위해 남겨 주세요'라고 손님에게 부탁받는 경우가 많다. 이것을 '까치밥'이라고 한다.

박새는 나무 구멍에 둥지를 만들지만 도시에는 그런 장소가 적기 때문에 새집을 걸어두면 둥지를 틀 확률이 높다. 가을부터 새집을 걸어두면 미리 둘러보러 온다.

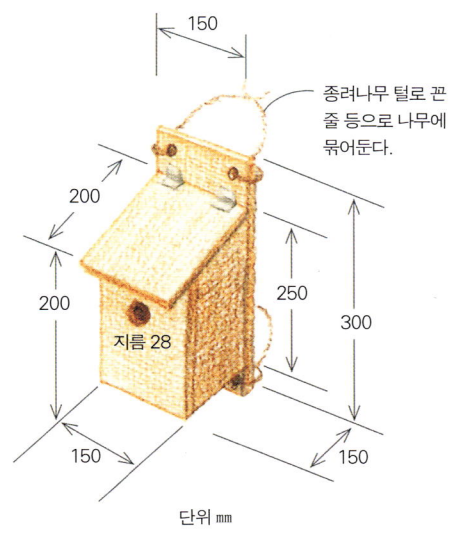

종려나무 털로 꼰 줄 등으로 나무에 묶어둔다.

단위 ㎜

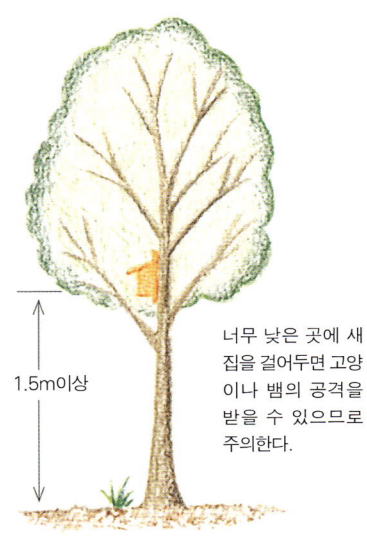

너무 낮은 곳에 새집을 걸어두면 고양이나 뱀의 공격을 받을 수 있으므로 주의한다.

함부로 안을 들여다보아서 새들을 놀라게 하지 말자!

## COLUMN

### 박새의 둥지 떠나기

박새는 '쥬쥬, 치이, 치이, 쥬쥬, 치이, 치이'하고 운다.

1번에 평균 10개 정도의 알을 낳지만 새끼가 부화하는 알은 83%, 그 중에서도 무사히 자라서 둥지를 떠나는 것은 65% 정도라고 한다.

더욱이 둥지를 떠난 후 어린 새는 능숙하게 먹이를 잡을 수 없기 때문에 굶어죽는 등 사망률이 높아서 무사히 어른 새가 되는 것은 8.5% 정도에 불과하다. 알을 9개 낳는다고 해도 어른이 되는 새는 없거나 1마리인 것이다.

우리집에서는 5마리의 새끼 박새가 둥지를 떠나는 것을 볼 수 있었는데, 그 중 어른 새가 된 것은 몇 마리였을까?

**박새의 둥지**
마지막으로 5개의 배설물이 떨어져 있다. 둥지를 떠나 날아오를 때 어린 박새에게도 많은 힘이 필요했기 때문일 것이다. 그런데 떠나는 새는 뒤처리를 하지 않는 건지……. (알 껍질이나 그 외의 배설물은 부모새가 치우고 깨끗이 청소해 놓아서 기본적으로 둥지는 깨끗하다)

# 진딧물류

*Aphidoidea*

- **서식장소**_ 종류에 따라 기생하는 식물이 대부분 정해져 있다.
- **발생시기**_ 초봄~가을. 여름에는 증식을 멈추고 여름잠을 자는 유충으로 여름을 지낸다.
- **먹   이**_ 나무나 화초의 새싹, 꽃봉오리 등을 빨아 먹는다. 벌레혹(충영)을 만들기도 한다.
- **천   적**_ 무당벌레류, 풀잠자리류, 꽃등에류, 사마귀류, 벌류, 거미류, 새, 큰딱부리긴노린재, 흰등진디물파리나 진디혹파리 등의 포식성 파리, 진디고치벌 등의 기생벌.

정원에서 가장 미움을 받는 벌레가 진딧물이다. 모든 종류의 식물에 발생하지만 기호가 달라서 식물의 종류에 따라 발생하는 진딧물의 종류도 다르다. 그 중 여러 종류에 걸쳐 피해를 주는 종류도 있다. 특히 식물의 생장점에 밀생하고, 장미 등은 꽃봉오리 부분 등에 많이 생긴다. 장미를 키우는 사람들한테도 골칫거리 벌레일 것이다.

한국에서도 300종류 이상이 확인되고 있다. 때로는 하나의 식물에 여러 종류의 진딧물이 생긴 것을 목격한 적도 있다. 1마리가 1개월에 1만 마리로 증식한다는 보고도 있다. 식물의 새싹을 가장 좋아해 4~5월경부터 눈에 띄기 시작하고, 더위를 싫어하는지 한여름에는 수가 크게 줄어들지만, 여름이 지나고 시원한 바람이 불어오면 또 새싹이 올라오므로 눈에 띄기 시작한다.

번식력이 강한 진딧물이지만 비를 싫어한다. 비를 맞으면 떨어져 나가기 때문이 아니라 습도가 높으면 활발하게 활동하는 미생물이 진딧물에 기생하기 때문이다. 미생물이 기생하면 몸 표면이 많은 포자에 싸여 죽는다. 이러한 미생물을 죽이지 않으려면 평소에 살균제 등을 사용하지 않도록 주의하자.

진딧물 자체가 식물을 빨아먹는 것도 문제지만 진딧물을 매개로 한 잎오갈병이나 그을음병 등도 역시 골칫거리다.

그을음병이란 진딧물이 배출하는 감로를 개미가 다 먹어치우지 못하면 잎에 남아 있는 감로에 그을음병균이라는 곰팡이가 붙어서 잎·가지·줄기에 검은 그을음 같은 것이 발생하는 병이다.

너무 심해지면 광합성을 할 수 없으므로 식초를 10배 정도 희석한 물에 헌 천 등을 적셔서 잎을 닦아준다. 식물 밑에 타일 등을 깔아둔 경우 검게 변하므로 때가 눌어붙기 전에 청소한다.

이렇게 귀찮은 진딧물이지만 만져도 가렵거나 통증을 느끼는 등의 피해는 없다. 드물게 병정진딧물이 있어 피부를 자극하기도 하지만 심한 통증은 없고 거의 느끼지 못할 정도이다.

진딧물의 암컷은 가을에 유성생식을 할 때까지는 자신과 똑같은 유전자를 가진 알을 5~10일 간격으로 낳아 계속적으로 세대교번을 하기 때문에 농약에 바로 내성을 갖게 된다. 실제로 복숭아혹진딧물 등은 카바메이트제, 합성 피레스로이드(pyrathroid)제 등의 농약에 내성을 갖고 있다.

정원에 화학비료를 많이 살포하면 질소가 많아져서 진딧물이 많이 생기기 쉬워진다고 한다. 화분에 심은 식물에 화학비료를 주면 특히 진딧물이 발생하기 쉽다. 질소가 많아지면 잎에 당분이 많아져 진딧물에게 맛있는 잎을 제공하는 셈이 되고, 개미를 불러들이는 감로도 만들기 쉬워진다.

농약을 뿌리지 않는데도 전혀 벌레가 없어서 실망할 때가 있다. 특히 진딧물이 없으면 무당벌레류뿐만 아니라, 다른 생물도 거의 없어진다는 것을 유기농 정원사를 하면서 차츰 알게 되었다.

진딧물은 우선 자신이 식물을 빨아 먹어 당분을 만들어서 개미를 부르고, 자신의 몸인 단백질원을 무당벌레류나 풀잠자리류 등에게 제공한다. 그러고 보면 진딧물은 가장 먼저 식물을 다른 생물이 살아갈 수 있는 형태로 만들어주는 것일지도 모르겠다.

## COLUMN

### 진딧물은 어디에서 나타나는 걸까?

갑자기 진딧물이 들끓는다고 고민하는 사람도 있는데 아무것도 없는 곳에서 진딧물이 들끓는 것은 아니다. 그렇게 보이는 것은 날개가 있는 암컷이 먼저 날아와서 알을 낳고, 날개가 없는 새끼가 무성생식으로 점점 늘어나기 때문이다.

어떤 계산에 의하면 1마리의 암컷이 낳는 새끼가 모두 살아남는다고 하면 1년 후에는 5,240억 마리의 자손이 번식하게 된다고 한다.

하지만 자연계에서는 살아남을 확률이 아주 적다. 이것은 어디까지나 1마리도 죽지 않는다는 가정 아래 해본 이론적인 계산이다. 그러니 걱정하지 않아도 된다.

### 개미와 진딧물

개미와 진딧물의 공생관계는 잘 알려져 있어서 일본에서는 진딧물을 '개미일족'이라고도 한다. 하지만 진딧물과 공생관계를 맺고 있는 개미는 전체의 4분의 1 정도 밖에 안 된다.

또, 개미와 진딧물은 공생관계일 뿐 아니라 포식관계이기도 하다. 개미는 진딧물이 너무 많이 늘어나면 잡아먹는다. 개미와 진딧물의 공생관계를 개미가 '진딧물 목장'을 갖고 있다고 표현하기도 하는데, 정말 사람이 가축을 기르는 것과 비슷하다.

## 진딧물류

감귤류에 붙은 진딧물

아벨리아에 붙은 진딧물

참마에 붙은 진딧물

**진딧물의 피해, 매실나무의 잎오갈병**_ 어린잎이 불규칙하게 오그라들고, 잎이 자라면서 오그라든 부분이 부푼다.

**돈나무의 그을음병**_ 진딧물이나 깍지벌레가 배출하는 감로를 개미가 다 먹지 못하면 잎에 남은 감로에 그을음병균이라는 곰팡이가 붙어 잎·가지·줄기가 검게 그을은 것처럼 변하는 병이다. ©天田眞

---

**COLUMN**

### 진딧물은 대피소도 만든다!?

때죽나무 꽃

때죽납작진딧물

오른쪽이 진딧물이 기생한 것. 정말 고양이 발처럼 생겼다.

왼쪽 사진은 때죽나무의 꽃이다. 그렇다면 오른쪽은 무엇일까?

이것은 바로 때죽납작진딧물이라는 진딧물이 만든 고양이 발처럼 생긴 벌레혹이다.

진딧물 중에는 즙액을 빨아 먹음으로써 식물의 조직을 변화시켜 벌레혹이라는 대피소를 만드는 종류도 있다. 이 벌레혹의 방 하나하나에 많은 진딧물이 숨어서 적으로부터 몸을 보호한다.

발견하면 벌레혹을 조심스럽게 하나씩 가위로 제거하는 방법밖에 없다. 많이 생겼을 때는 혼자서 제거하면 놓치는 것도 있으므로 여럿이서 교대로 하는 것이 좋다.

## 진딧물이 많이 발생한 예

**2005년 5월 진딧물이 많이 생긴 6m 느티나무_** 무당벌레의 유충이 있어서 유기농 농약을 뿌리는 것을 중지하고 잠시 관찰.

**느티나무에 있던 무당벌레_** 잠시 관찰했더니 무당벌레가 많이 생겼다. 알, 유충, 번데기, 성충 등 단계별로 많은 수를 볼 수 있다.

**기생벌에 당한 진딧물 머미_** 이렇게 작은 진딧물에 알을 낳는 작은 기생벌도 있다. 이것은 동백나무 잎에 붙어 있었다. '머미(mummy)'란 진딧물의 미라를 말한다.

**한 그루의 느티나무와 그 속에서 발견된 생물_** 가지치기한 한 그루의 느티나무에 있던 무당벌레의 번데기 수를 세어보니 214개나 되었다. 가지의 3분의 1 정도를 가지치기한 것이므로 단순 계산하면 이 느티나무에는 번데기만 650개 정도 있었던 것으로 추정된다. 그 외에도 거미, 침노린재류(육식 노린재류) 등 다양한 종류의 벌레가 있었다(필름 케이스 속).

## What To do                                                    문제 해결

- 새싹이 나는 시기에는 식물의 생장점을 잘 살피고, 진딧물이 발생하면 고무장갑을 끼고 긁어낸다.
- 우유 스프레이는 효과적이지만 보기에 지저분하고, 냄새가 나며, 곰팡이가 생기기 쉽다.
- 해초 엑기스를 뿌린다.
  진딧물 피해를 입은 나무의 밑동 주위에 뿌리면 공생관계인 개미가 오는 것을 막아준다.
- 마늘 참기름제를 뿌린다.
  다수 발생했던 진딧물이 죽었다는 보고도 많다. 아마도 비누가 진딧물 배의 숨구멍을 막아 호흡을 못하게 해서 그렇게 된 것으로 생각된다.
- 마늘 참기름제를 2~4월에 걸쳐 예방적으로 살포하면 효과적이다.
- 진딧물 발생시기에 마늘 목초액을 자주 뿌리는 것도 효과적이다.
- 진딧물을 잡아먹는 무당벌레 등의 천적을 늘린다.
- 가지치기 방법을 연구한다.
  진딧물은 새싹을 좋아하는데 가지치기를 할 때 가지를 많이 잘라내면 이듬해 폭발적으로 새싹이 올라와 진딧물이 많이 생기는 것으로 이어지는 것 같다. 많이 자란 가지만 가지치기를 하는 방법 등으로 자연스러운 나무의 형태를 유지하고, 폭발적인 성장은 막는 것이 중요하다.
- 공영식물(식물의 밑동에 부추, 생강, 고추, 마늘, 한련을 함께 심는다)을 시험해 본다.
- 진딧물이 좋아하는 색을 이용하여 유인하는 노란색 점착시트형 트랩도 있다. 반대로 반짝반짝 반사하는 것을 싫어하는 진딧물의 성질을 이용해 은색 테이프를 식물 근처에 걸어두거나 은색바닥덮개를 씌우는 방법도 있고, 중요한 식물의 밑동에 알루미늄 호일을 깔아 진딧물을 방제하는 사람도 있다. 하지만 수확을 눈앞에 둔 채소 농가 등에서는 어쩔 수 없지만 일반 가정의 정원에서 미관을 해치면서까지 진딧물을 퇴치할 필요가 있을까?

# 깍지벌레류
## *Coccoidea*

- **서식장소**_ 종류에 따라 다양한 식물의 잎, 줄기, 가지
- **발생시기**_ 1년에 1회 발생하는 것에서 2~3회 발생하는 것까지 다양하다. 주로 봄~가을이 활동 시기지만 짚신깍지벌레 등은 알의 상태로 여름을 나고 12월경에 부화해 식물의 즙액을 빨아 먹는다.
- **먹       이**_ 식물의 즙액을 빨아 먹는다
- **천       적**_ 기생벌, 풀잠자리, 혹파리류, 애홍점박이무당벌레, 베달리아무당벌레, 벌, 새

공원이나 도로변에 심어놓은 식물에는 자주 깍지벌레가 발생하지만 숲 속에서는 거의 볼 수 없다. 이것은 농약 살포나 화학비료, 자동차 배기가스의 영향 등으로 환경이 악화되어 생태계의 균형이 깨졌다는 증거이다. 이런 점에서 깍지벌레를 '도시형 해충'이라고 부르는 사람도 있다. 즉, 환경을 개선하면 어느 정도 막을 수 있다는 것이다.

정원에서 자주 보는 대표적인 깍지벌레는 거북밀깍지벌레, 뿔밀깍지벌레, 루비깍지벌레, 공깍지벌레, 이세리아깍지벌레 등이다. 이들은 암컷으로 일생을 나무에 붙은 채 움직이지 않고 지낸다. 그래서 긁어내기만 하면 되므로 비교적 대처하기 쉽다.

하지만 시기에 따라 암컷 성충의 몸 속에서 부화 유충이 대량으로 기어나오는 일이 있는데, 그 유충이 다음 세대의 암컷 성충으로, 다시 즙액을 빨아 먹기 때문에 긁어낼 경우에도 시기나 방법 등에 주의가 필요하다.

깍지벌레가 성가신 점은 껍질에 의해 보호되고 있어 유기농 농약을 살포해도 효과가 별로 없다는 것이다. 그것은 화학합성 농약도 마찬가지다. 농약을 뿌리면 깍지벌레 자체는 살아남고, 땅 속의 생태계는 붕괴되어 식물이 약해지기 때문에 오히려 깍지벌레에게 즙액을 빨아 먹기 쉬운 환경을 만들어주는 셈이 된다.

개미와 공생관계이므로 개미가 많으면 깍지벌레가 있을 가능성이 높다. 깍지벌레는 즙액을 빨아 먹고 남은 당분을 배출하고, 그 감로를 먹으러 온 개미는 깍지벌레의 천적을 물리친다. 식물의 잎에 남아 있는 감로에 균이 생기면 검은 가루를 뿌린 것 같은 그을음병에 걸리는 일도 있다.

자연계에서는 깍지벌레가 대량 발생해 식물을 말려 죽이는 일은 없으므로, 보기에 안 좋고 식물이 조금 시들더라도 그냥 자연에 맡겨두면 몇 년 안에 진정되는 경우가 대부분이다.

또, 농약에 내성(약제 저항성)을 지닌 깍지벌레도 있으므로 농약 살포는 하지 않는 것이 좋다.

## 깍지벌레류

**이세리아깍지벌레_** 5~8㎜. 남천, 감귤류, 장미, 모란, 작약 등에서 자주 볼 수 있는데, 작은 소프트 아이스크림과 비슷하게 생겨서 바로 알 수 있다. 천적은 베달리아무당벌레.

**공깍지벌레_** 약 4㎜. 매실나무에서 자주 발견되지만 그 외에도 해당 등의 장미과 나무에서 자주 발생한다. 둥글고 딱딱한 껍질을 가지고 있고, 색은 갈색이다.

**거북밀깍지벌레_** 암컷 4㎜. 가지에 붙어 있는 거북밀깍지벌레(왼쪽)와 가지에서 떼어낸 것(오른쪽). 의외로 단단히 붙어 있다  ©天田眞

**루비깍지벌레_** 3.5~4㎜. 대량으로 발생한 루비깍지벌레가 배출한 감로에 곰팡이가 붙어 그을음병에 걸린 먼나무.

**줄솜깍지벌레_** 암컷 3~7㎜. 긴 고리 모양의 알주머니가 특징이다.

**깍지벌레의 구제_** 루비깍지벌레는 단단히 붙어 있으므로, 이렇게 끝이 뾰족한 것으로 긁어낸다.

## What To do
문제 해결

- 겨울에는 대나무 주걱 등으로 긁어낸다.
- 봄~여름에는 성충의 배에 알이 있기 때문에 긁어낸 성충이 죽어도 알에서 부화한 유충이 살아남아 나무에 기어오를 가능성이 있다. 따뜻한 시기에 긁어낼 경우에는 나무 밑에 신문지를 깐 다음 떨어진 깍지벌레를 신문지로 싸서 태우거나, 잘 밀봉해서 쓰레기로 버린다.
- 이세리아깍지벌레는 대나무 주걱으로는 긁어내기 어려우므로 고무장갑을 끼고 한 마리씩 잡는다.
- 마늘 참기름제를 2~4월에 매월 1회 살포한다.
- 해충이 많이 발생한 경우에는 2~4월에 살포하는 것과 더불어 6~7월에도 마늘 참기름제를 정기적으로 살포한다. 그리고 그 사이에 마늘 목초액을 정기적으로 살포한다. 마늘 목초액의 살포 간격은 주 1~2회 정도로 정원의 상태를 보면서 결정한다.
- 좁고 어두우며 바람이나 햇빛이 잘 안드는 곳을 좋아하므로 가지치기를 해서 그런 환경을 만들지 않는 것이 근본적인 대책이다.

### COLUMN
## 도움이 되는 깍지벌레

중남미의 선인장 표면에 서식하는 선인장깍지벌레는 예로부터 색소의 원료로 사용되었다. 현재도 청량음료, 햄, 소시지, 케첩, 사탕의 착색료나 신경질환, 신장병의 약으로 사용되고 있다. 또 립스틱이나 그림 물감, 직물의 염료로도 사용된다.

태국이나 인도에 있는 락깍지벌레는 쉘락 바니시(shellac varnish)라는 염료의 원료로 쓰이는 것 외에도 형광등이나 전구의 금속 부분의 접착제, 정밀기계의 녹 예방, 전기절연체, 의약품이나 식료품의 코팅제 등으로 사용된다.

# 차독나방

*Euproctis pseudoconspersa*

- ● **서식장소**_ 동백나무, 애기동백나무, 차나무, 노각나무
- ● **발생시기**_ 1년에 2회 (1회째 4~6월, 2회째 8~9월)
- ● **먹    이**_ 동백나무, 애기동백나무, 차나무, 노각나무의 잎   ● **천    적**_ 기생벌, 새

동백나무나 애기동백나무는 상록수로 추운 계절에 꽃이 피기 때문에 많이 심는다. 하지만 차독나방이 잘 발생하므로 산울타리로 빽빽하게 심는 것은 좋지 않다. 통풍이 잘 되도록 가지치기를 해두면 차독나방이 발생하기 어렵고, 발생하더라도 초기에 발견할 수 있다.

차독나방은 차나무 이외에는 동백나무를 가장 좋아하고, 그 다음으로는 애기동백나무를 좋아한다. 노각나무는 대량 발생했을 때나 붙는 정도이다. 드물게 비파나무에도 발생한다고 원예 관련 책에 나오기도 하지만 아직까지 본 적이 없다.

건강한 동백나무나 애기동백나무의 경우 차독나방 약령유충의 침과 잎의 성분이 섞이면 냄새 물질이 만들어져, 이 냄새가 기생벌을 불러 모은다고 한다. 기생벌이 오지 않는다면 농약을 뿌렸거나, 나무가 약해져서 차독나방에게 갉아먹혀도 냄새 물질을 내보낼 수 없게 된 것일지도 모른다. 실험에 의하면 집단이 붕괴되어 1마리만 남으면 섭식활동을 그만둔다고 한다.

차독나방의 문제는 사람에게 피해를 준다는 것이다. 독이 있는 털을 가지고 있어서 직접 만지지 않고 근처를 지나가기만 해도 바람에 떠다니는 털이 피부에 닿아 가려워지기도 한다. 알, 유충, 성충, 시체까지도 닿으면 가려워지므로 시체나 탈피 껍질이라도 주의가 필요하다(특히 알레르기 체질인 사람). 너무 심하게 가려울 때는 병원에 가는 것이 좋다.

## COLUMN

### 차독나방을 잡아먹는 새

뻐꾸기, 벙어리뻐꾸기, 매사촌 등의 새는 '탁란(托卵)'이라고 해서 다른 새의 둥지에 알을 낳아 키우게 하는 뻔뻔한 새이지만, 이들 새는 다른 새가 먹고 싶어 하지 않는 털이 있는 나비나 나방의 유충을 좋아해서 곧잘 잡아먹는다고 한다.

탁란을 하는 새는 아니지만 쇠딱따구리와 박새를 해부했더니 위 속에 차독나방이 있었다고 한다.

## 차독나방

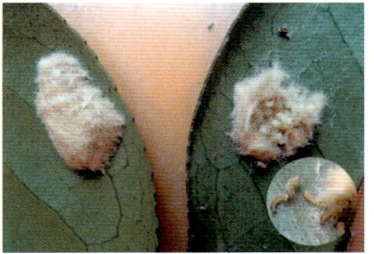

**차독나방의 알덩어리_** 약 1㎝. 복슬복슬한 털실이 붙어 있는 듯한 모습이다. 성충이 알을 낳은 직후에 독이 있는 털을 세게 문지르기 때문에 알덩어리도 만지면 가려워진다. 알 상태에서 겨울을 나므로 겨울 동안에 찾아서 없앤다. 오른쪽 아래는 차독나방 부화 직후의 유충.

**차독나방 유충_** 약령유충일 때는 사진과 같이 집단으로 서식한다. 이때가 차독나방을 제거할 수 있는 기회이다. 발생시기에는 정원을 꼼꼼히 관찰해서 조기에 발견하도록 하자.

**차독나방과 배설물_** 이 사진처럼 배설물이 있는 잎의 뒷면에 유충이 있는 경우가 많다.

**차독나방 성충_** 15㎜. 약간 어두운 곳에 있는 동백나무 등에는 낮에도 알을 낳으러 온다.

**차독나방의 알덩어리에 들어가는 기생벌_** 작은 기생벌이 무리를 지어서 알덩어리에 들락날락하고 있다. 나방의 알에 기생하는 알벌류일까?

**차독나방에 기생하는 기생벌의 고치_** 나비나 나방의 약령유충이 잎을 갉아먹으면 그 침과 잎의 성분이 섞여 경보페로몬은 만들어서 고치벌류를 부른다. 건강한 나무가 아니면 페로몬을 분비하는 힘이 약하다. 원 안은 차독나방에 기생하는 기생벌 성충.

## What To do

### 제거 시기

겨울부터 이른 봄 사이와 7월 하순에 잎 뒷면을 조사해 알을 찾아 잎째로 제거한다.

1년에 2회 발생하므로, 4~6월과 8월 하순~9월에는 특히 주의해서 매일 관찰한다.

약령유충일 때는 집단으로 모여 있기 때문에 제거하기 쉽다. 조기발견이 중요하다.

또, 탈피할 때에도 움직이지 않기 때문에 제거할 수 있는 기회이다.

발생기간이 길 때도 있으며, 기후 등에 따라서 발생시기가 변하므로 겨울이 될 때까지 잘 관찰하는 습관을 들여야 한다.

### 문제 해결

머리에는 반드시 수건을 쓰고 고무장갑, 모자 달린 우비 등을 착용한 다음, 차독나방이 붙어 있는 가지를 통째로 잘라낸다.

제거할 때 가위의 진동으로 차독나방이 흩어지거나, 실을 토하면서 떨어지므로 둥글게 만든 철사 옷걸이에 비닐봉투를 달아서 밑에서 받도록 한다. 쓰레받기로 직접 받아도 된다.

제거 후에는 반드시 샤워를 해서 독이 있는 털을 씻어낸다.

가려움이 느껴지면 바로 티트리 오일이나 라벤더 오일을 바르면 좋다.

유기농 농약을 뿌릴 경우, 살아남은 벌레한테는 같은 유기농 농약이 잘 듣지 않을지도 모르므로 여러 가지 농약을 만들어 시험해보는 것도 좋다. 마늘 목초액은 효과가 적다.

### 만지면 안 되는 벌레

털이 있는 나방의 유충이 모두 가렵거나 아프게 만드는 것은 아니다. 피해를 주는 벌레는 소수이다. 무턱대고 무서워하지 말고, 위험한 벌레를 기억하고 만지지 않으면 된다. 주요 벌레의 종류와 발생하는 나무의 종류, 발생시기를 소개한다.

| | | |
|---|---|---|
| 차독나방 | 동백나무, 애기동백나무, 차나무, 노각나무 | 4~6월, 8~9월 |
| 애흰무늬독나방 | 벚나무, 매실나무, 산당화 등의 장미과 나무 | 5~10월 |
| 흰독나방 | 아까시나무, 서양수수꽃다리, 호두나무 | 6~9월 |
| 천막벌레나방 | 벚나무, 매실나무 등 | 4~8월 |
| 솔나방 | 소나무류, 개잎갈나무 | 거의 연중 발생 |
| 삼나무독나방 | 삼나무, 편백나무, 화백나무 | 4~5월, 7~8월 |
| 독나방 | 거의 모든 나무의 잎을 갉아먹는다. | 4~9월 |
| 무늬독나방 | 거의 모든 나무의 잎을 갉아먹는다. | 4~9월 |
| 노랑쐐기나방 | 단풍나무, 감나무, 벚나무, 매실나무, 녹나무 등. 닿으면 아프다. | 6~9월 |

## 차독나방 잡는 법

**차독나방 잡는 도구_** 철사 옷걸이를 넓게 펴서 둥글게 만든다.

**잡는 법_** 철사 옷걸이에 비닐을 걸고 그 안으로 차독나방이 붙어 있는 잎을 잘라서 넣는다. 다 자른 다음 비닐째 발로 밟아서 죽이고, 입구를 잘 묶어서 버린다.

 ## 독이 있는 나방의 유충

**무늬독나방_** 느티나무, 풍년화, 매화오리나무, 만병초류 등을 먹는다.

**애흰무늬독나방_** 장미과 (매실나무, 벚나무, 산당화 등) 나무의 잎을 좋아한다.

**솔나방_** 소나무를 먹는다.

**삼나무독나방_** 삼나무, 편백나무, 화백나무를 먹는다.

## COLUMN

### 독이 있는 털을 가진 유충

차독나방 외에도 애흰무늬독나방, 독나방, 솔나방 등도 독이 있는 털을 가지고 있어서 살에 닿으면 가려우므로 주의해야 한다. 그렇다고 해서 털이 있는 나방의 유충 모두가 독을 가지고 있는 것은 아니다. 한국에 있는 약 1,500종의 나방 중에 독나방은 약 40종이 알려져 있다. 크게 위험한 것만 기억해두면 나머지는 괜찮다.

# 쐐기나방류

*Limacodidae*

- **서식장소**_ 감나무, 단풍나무, 벚나무, 매실나무 등의 낙엽수와 드물게 녹나무 등의 상록활엽수에도 발생한다.
- **발생시기**_ 6~7월(유충)   ● **먹    이**_ 잎
- **천    적**_ 쐐기청벌(기생벌), 기생파리의 일종(*Chaetexorista eutachinoides*), 벌, 새, 기생벌의 일종(*Eocanthecona furcellata*), 송충알벌, 침노린재의 일종(*Agriosphodrus dohrni*)

애니메이션 캐릭터인 피카츄를 닮은 노랑쐐기나방은 만지면 아프기 때문에 '전기벌레'라고 부르기도 한다. 차독나방만큼 며칠씩 아프지는 않고 통증이 금방 가라앉지만 만지는 일이 없도록 조심하자.

감나무, 단풍나무, 매실나무 등 낙엽수 가지의 두 갈래로 나눠진 부분에서 노랑쐐기나방의 고치를 자주 발견한다. 낙엽수 외에 치자나무 잎이나 큰 녹나무에 많은 수가 붙어 있기도 한다. 치자나무와 녹나무는 상록수이므로 아무래도 먹는 식물이 광범위한듯하다.

또한, 가지에 고치를 만드는 것은 보통 노랑쐐기나방이고 장수쐐기나방이나 흑색무늬쐐기나방 등은 땅 속에 고치를 만든다. 같은 쐐기나방류라고 해도 살아가는 모습은 다양하다.

## What To do — 문제 해결

유충은 나무젓가락이나 핀셋으로 잡는다. 낙엽이 질 때 고치로 겨울을 나는 노랑쐐기나방을 찾아내서 가지째 제거하면 여름에 쐐기나방이 발생하는 것을 상당수 막을 수 있다. 지금까지 노랑쐐기나방이 발생해서 말라 죽은 나무를 본 일은 없다.

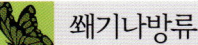# 쐐기나방류

**쐐기나방의 약령유충_** 피카츄를 닮은 약령유충. 사진은 *Parasa lepida*.

**쐐기나방의 유충_** 별사탕처럼 귀엽지만 만지면 따끔하게 아프다.

**쐐기나방이 갉아먹은 금목서 잎_** 구멍을 내지 않고 조금씩 핥아먹는 느낌으로 갉아먹는다.

**녹나무에 발생한 쐐기나방 유충_** 24~25㎜. 장뇌의 원료가 되는 향이 강한 녹나무에도 대량 발생했다. 사진은 *Parasa lepida*의 종령유충.

**노랑쐐기나방의 고치_** 약 10㎜. 노랑쐐기나방의 고치는 사람의 지문처럼 모두 다른 무늬를 갖고 있다. 가지 끝에 이런 고치를 만드는 것은 일반적인 노랑쐐기나방이다. 하지만, 줄기에 고치를 만드는 쐐기나방(*Parasa lepida*)의 고치는 편평한 모양이다. 오른쪽 아래는 노랑쐐기나방의 유충(25㎜).

# 미국흰불나방

*Hyphantria cunea*

- ● 서식장소_ 모든 종류의 나무. 화초에는 그다지 발생하지 않는다.
- ● 발생시기_ 5~8월　　　　　　　　　● 먹　이_ 잎
- ● 천　적_ 들풀거미류, 쌍살벌, 침노린재의 일종(*Agriosphodrus dohrni*), 새

잡식성이고, 벚나무를 비롯해 매실나무나 복숭아나무 등의 장미과 나무와 느티나무나 뽕나무류, 미국산딸나무, 감나무, 배나무 등 다양한 나무의 잎을 먹는다.

북아메리카 원산의 나방으로 1948년경 일본, 1958년경 한국(서울), 1979년경 중국의 순서로 발생하기 시작하여 널리 퍼졌으며, 한국과 일본은 미군 화물에 묻어 들어온 것으로 추정하고 있다. 미국흰불나방의 경우 산림 내에서는 피해가 가볍고, 도시 주변의 가로수나 정원수는 특히 피해가 심하다. 이것은 산림의 다양성 때문으로 짐작된다. 밭이나 가로수뿐 아니라 단일 식물을 심는 것은 특정 벌레가 많이 발생하기 쉬운 환경을 만드는 것이라고 할 수 있다. 이 사실을 통해 공원에 대량으로 심어 놓은 벚나무나 장미원 등이 농약을 살포하여 유지되고 있다는 것을 짐작할 수 있다.

1마리의 암컷이 낳는 알의 수가 약 1,200개이고 그 중에서 99.8%가 번데기가 되기 전에 천적에 의해 잡아먹히거나 병에 걸려 죽는다고 한다.

## 미국흰불나방

**유충_** 천막을 치고 집단으로 잎을 갉아먹어 피해를 주는 유충.

**종령유충_** 약 30㎜. 많은 종류의 나무를 갉아먹지만 독은 없으므로 만져도 가렵지 않다.

**붉은별무늬병의 숙주가 되는 향나무(좌)와 붉은별무늬병에 걸린 잎의 뒷면(우)**

**성충_** 30㎜. 성충은 새하얀 것과 검은 점이 있는 것이 있다.

## What To do

문제 해결

미국흰불나방은 3령까지는 천막모양으로 그물을 치고 집단으로 생활하므로 유충이 분산되기 전에 그물을 제거한다. 또, 번데기로 겨울을 나는데 번데기는 잎 위에서 회색 고치를 짓기 때문에 이것도 제거해야한다.

### COLUMN

#### 일본 새의 입맛에 맞게 변한 벌레

야생새 전문가에게 들었던 이야기인데, 처음 미국흰불나방이 일본에 들어왔을 때는 천적이 없었기 때문에 그 수가 폭발적으로 증가했지만, 최근에는 천적이 늘어나고 있다고 한다. 오랫동안 일본에 살고 있는 미국흰불나방이 일본 나뭇잎을 먹으면서 일본 새들의 입맛에도 맞게 변한 것일까?

#### 여러 가지 장미과 나무

장미과라고 하면 장미꽃을 연상하지만 나무 중에도 장미과 식물은 많다. 벚나무, 매실나무, 복숭아나무, 사과나무, 배나무가 장미과라고 하면 뭔가 공통점이 있는 것 같은 느낌이 드는데, 사실 딸기나 비파나무도 장미과이다.

정원에 많이 심는 것은 벚나무, 매실나무, 복숭아나무, 살구나무, 산당화, 해당, 낙상홍, 꽃사과 정도이다.

산당화, 해당, 꽃사과 등은 붉은별무늬병(적성병)에 걸리기 쉬우므로 붉은별무늬병의 숙주인 향나무 근처에는 심지 않는 것이 좋다.

# 호랑나비

*Papilio xuthus*

- **서식장소**_ 귤나무, 탱자나무, 유자나무, 영귤나무 등의 감귤류와 초피나무
- **발생시기**_ 3~10월
- **먹 이**_ 감귤류나 초피나무의 잎
- **천 적**_ 포식성 벌(특히 쌍살벌), 맵시벌 종류(*Trogus mactator*), 새, 사마귀, 개구리, 도마뱀, 지네, 알이나 아주 어린 약령의 유충일 때는 개미

흔히 볼 수 있는 호랑나비이다.

밝은 곳을 좋아하고, 날아다니면서 재빨리 알을 낳는다.

유충은 4령까지는 색배합이 새의 배설물과 비슷하다. 5령(종령)이 되면 갑자기 재미있게 생긴 뱀 같은 모습이 된다. 위협하기 위해 내미는 뿔(취각)은 오렌지색이다.

약령유충일 때는 발견하기 어렵지만 종령유충이 되면 몸도 상당히 커져서 새 등에게 잡아먹힌다. 그래서 우화하는 모습을 보기 어렵다.

## What To do  문제 해결

유충은 나무젓가락으로 잡아 비닐봉투에 넣고 발로 밟는다. 커지면 밟을 때의 느낌이 좋지 않기 때문에 약령유충일 때 발견해서 처리하는 것이 좋다.

번데기가 되면 더 이상 잎은 먹지 않는다. 나비로 우화하는 것을 즐거운 마음으로 기다리자.

## COLUMN

### 감귤류는 북풍과 석양빛을 싫어한다

열매가 열리면 그대로 두지 말고 수확한다. 달린 채 그대로 두면 에너지가 소모되어 나무가 약해진다.

그 외에도 굴파리류 등에게 갉아먹히거나, 진딧물을 매개로 한 그을음병 등에 걸리기 쉬우므로 주의한다.

하지만 먹기도 하고 향도 즐길 수 있으므로 환경이 맞으면 적극적으로 정원에 심어 보자.

## 호랑나비

알_ 지름 약 1mm.

약령유충

꿀을 빨고 있는 성충_ 펼친 날개 길이 55mm.

5령(종령)유충_ 55mm.

호랑나비는 정원의 대표적인 나비이다. 유충은 감귤류 등을 갉아먹지만 성충은 꿀을 먹는다.

ⓒ天田眞

## COLUMN

### 호랑나비에 기생하는 맵시벌

호랑나비류 번데기의 뒤쪽에서 둥근 구멍을 발견할 때가 있다.

'무엇인가에 먹힌 흔적일까?'라고 생각했는데 뜻밖에도 호랑나비류의 유충에 기생하는 맵시벌(*Trogus mactator*)이었다.

나비나 나방류의 유충이 번데기가 되는 것은 0.2% 정도의 확률이라고 한다. 그러나 그 좁은 문을 통과해 겨우 번데기가 되어도 우화 직전에 죽는다고 하면 성충이 된다는 것은 거의 기적일지도 모른다.

맵시벌(*Trogus mactator*)에 먹힌 번데기

# 산호랑나비
*Papilio machaon*

- **서식장소_** 당근 잎, 신선초, 미나리, 파드득나물, 파슬리, 회향, 딜, 레이스플라워 등
- **발생시기_** 5~8월
- **먹    이_** 위 식물의 잎이나 새싹
- **천    적_** 포식성 벌(특히 쌍살벌), 맵시벌 종류(*Trogus mactator*), 새, 사마귀, 개구리, 도마뱀, 지네, 알이나 아주 어린 약령의 유충일 때는 개미 등

성충은 호랑나비와 매우 비슷하지만 유충이 먹는 것은 전혀 다르다. 당근, 신선초, 미나리, 파드득나물 등을 키우는 텃밭이나 파슬리, 회향, 딜 등의 허브를 키우는 정원에 찾아온다. 베란다에서 플랜트박스에 재배하는 파슬리 등을 전부 먹어 치우기도 한다.

종령이 되면 녹색바탕에 검은 선과 노란 점무늬가 눈에 띄고, 살이 쪄서 굵어진다. 산호랑나비의 유충이 발생한 채소나 허브는 농약을 뿌리지 않은 것이므로 안심하고 먹어도 된다.

## What To do
문제 해결

P.102 〈호랑나비〉 참고

### 산호랑나비

**성충_** 펼친 날개 길이 70~90㎜. ©天田眞

**약령유충_** 3령까지는 검은색을 띤다.

**산호랑나비가 먹는 풀 중의 하나인 파드득나물 잎_** 다른 호랑나비류와 먹는 풀이 다르다. 파슬리, 파드득나물, 당근 잎, 딜 등 허브를 좋아한다.

**종령유충_** 약 50㎜. 호랑나비나 남방제비나비와는 무늬가 매우 다르다.

# 남방제비나비

*Papilio protenor*

- **서식장소**_ 귤나무, 유자나무, 영귤나무 등의 감귤류와, 초피나무
- **발생시기**_ 4~9월
- **먹 이**_ 감귤류나 초피나무의 잎
- **천 적**_ 포식성 벌(특히 쌍살벌), 맵시벌 종류(*Trogus mactator*), 새, 사마귀, 개구리, 도마뱀, 지네, 알이나 아주 어린 약령의 유충이라면 개미

그늘을 좋아한다. 만약 정원의 감귤류에 남방제비나비만 알을 낳으러 온다면 햇빛이 잘 들지 않는다는 것이다.

남방제비나비의 유충도 4령까지는 새의 배설물과 비슷하고, 5령(종령)이 되면 갑자기 재미있게 생긴 뱀 같은 모습이 된다. 위협하기 위해 내미는 뿔(취각)은 붉은색이다.

남방제비나비가 번데기가 되기까지 먹는 귤잎은 약 25장으로, 건강한 귤나무라면 3~4마리의 유충이 있어도 큰 문제는 없다.

우리집에 있는 영귤나무에는 매년 남방제비나비의 유충이 몇 마리씩 보이는데, 대부분 성충이 되기 전에 없어져버려 지금까지 우화하는 모습은 2번 밖에 본 적이 없다. 쌍살벌이나 새에게 먹히기도 하고, 기생벌한테 당하기도 하므로 성충이 되는 것은 매우 어려운 일이다.

## 남방제비나비

**약령유충**

**5령(종령) 유충**_ 약 55㎜.

**위협하기 위해 뿔을 내미는 종령유충**

**방금 우화한 성충**_ 펼친 날개 길이 80~120㎜.

호랑나비와 먹는 풀은 거의 같지만 남방제비나비는 그늘을 좋아한다. 냄새나는 뿔도 호랑나비는 오렌지색이고, 남방제비나비는 붉은색이다.

# What To do

**문제 해결**

P.102 〈호랑나비〉 참고

**COLUMN**

### 호랑나비류의 뿔 냄새

남방제비나비 유충의 등을 쓰다듬으면 뿔을 쑥 내민다. 평소에는 피부 아래에 감추어 두었다가 필요할 때 꺼내는 것이다.

눈동자처럼 보이는 무늬와 이 뿔 때문에 꼭 뱀이 혀를 내밀고 있는 것처럼 보이는데 남방제비나비는 이런 모습으로 새를 위협한다.

또한, 이 뿔을 내밀 때 과일이 썩는 듯한 묘하고 독특한 냄새가 난다. 감귤류나 초피나무 잎을 먹어서 이런 냄새가 나는 걸까?

# 배추흰나비

*Arotogeia rapae*

- 서식장소_ 배추과 식물 (순무, 콜리플라워, 브로콜리, 양배추, 배추, 소송채, 청경채 등), 제라늄, 루콜라, 풍접초
- 발생시기_ 4~10월(특히 5~6월)
- 먹  이_ 잎
- 천   적_ 배추벌레고치벌, 새, 벌, 알이나 작은 유충일 때는 개미나 거미 등

나무에 피해를 주는 일은 없지만 배추과 식물 중에서 주로 양배추와 무 등 잎채소류에 알을 낳는다. 텃밭을 가꾸는 사람들에게는 골칫거리 벌레다. 하지만 다르게 생각하면 배추흰나비의 유충이 생긴 채소는 농약을 뿌리지 않고 재배한 것이므로 안심하고 먹을 수 있다.

또 농약을 사용하지 않으면 천적인 배추벌레고치벌이 찾아온다.

배추과의 채소를 심을 때는 서로에게 또는 어느 한쪽에게 도움이 되는 공영식물을 시험해 보는 것도 좋다. 라벤더, 로즈메리, 셀러리를 함께 심으면 배추흰나비가 잘 생기지 않는다고 한다.

공영식물은 정원이나 텃밭의 흙 상태와 주위 환경과도 관계가 있기 때문에 반드시 효과적이라고는 할 수 없지만, 여러 방법으로 시험해 보면 새로운 방법을 발견할 수 있을 것이다.

## What To do — 문제 해결

예방하기 위해서는 아침이슬이 남아 있는 잎에 초목회를 살짝 뿌려 놓는다.
100배로 희석한 마늘 참기름제를 뿌려 알이 부화하지 않게 한다.
생긴 뒤에는 나무젓가락 등으로 잡아서 죽인다.

## COLUMN

### 성충이 되는 것은 0.2%

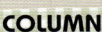

벌레가 낳은 알이 모두 성충이 된다고 생각하는 사람도 있지만 사실 성충이 되기란 아주 어려운 일이다. 나방의 유충 등은 0.2%만 성충이 된다고 알려져 있다. 천적에게 잡아먹히거나, 기생을 당하거나, 균과 곰팡이 등 때문에 죽는다고 한다.

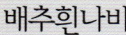 배추흰나비

**배추흰나비의 먹이인 브로콜리_** 오른쪽 아래는 유충의 배설물

**유충_** 약 28㎜. 배추과 채소를 좋아하지만 결구하기 전의 어린잎에는 발생하기 어렵다.

**성충_** 펼친 날개 길이 40~50㎜.

**배추벌레고치벌의 기생_** 기생벌 등의 천적도 많다. 옅은 황색이 배추벌레고치벌의 고치이다.

ⓒ三田常義

## COLUMN

### 복제 나무

벚나무에는 다양한 종류가 있지만 일본의 공원에 있는 것은 거의 왕벚나무이다.

왕벚나무는 한 그루의 나무에 접붙여 증식되므로 대부분의 왕벚나무는 복제라고 말할 수 있다. 그 때문인지 최근 도깨비집병*이 전국에 널리 퍼지고 있다.

벚나무의 수명은 그다지 길지 않아 60~80년 정도라고 알려져 있다. 그렇다면 일본에서 전후 부흥기에 한꺼번에 심은 벚나무는 슬슬 말라 죽거나, 병충해가 발생할 가능성이 있다. 나무도 수명이 있어 불로불사하지는 못 한다.

* 도깨비집병은 빗자루병이라고도 하며, 균의 포자로 감염하는 전염병의 일종이다. 다양한 나무에서 발견되지만 특히 눈에 띄는 것이 벚나무, 그 중에서도 왕벚나무에서 많이 볼 수 있다. 도깨비집병에 걸린 벚나무는 가지의 일부가 혹모양으로 팽창해 굵어지고, 한 곳에 가지가 밀생하여 잎만 무성하고, 그곳에서 가지가 많이 나와 빗자루(새둥지 모양)모양이 된다. 일본에서는 그 모습을 텐구[天拘]라는 괴물이 둥지를 튼 모습에 비유해 '텐구스병'이라는 이름을 붙였다. 병이 있는 가지에는 꽃이 피지 않을 뿐더러, 4~10년 이내에 말라 죽는다. 그러면 말라 죽은 부분으로 부후균이 침입해 나무에 타격을 주고 말라 죽는 원인이 된다. 이 병은 전염되므로 빨리 잘라서 소각해야 한다.

# 먹무늬재주나방

*Phalera flarescens*

- 서식장소_ 벚나무, 살구나무, 사과나무
- 발생시기_ 7~8월
- 먹   이_ 잎
- 천   적_ 유충일 때는 새나 벌, 사마귀. 번데기가 되면 땅 속으로 들어가므로 땅 가까이에 있는 육식성 벌레나 생물(개구리 등의 파충류나 침노린재류, 딱정벌레류 등)

벚나무에 많이 생기는 해충으로 이 벌레 때문에 공원이나 길가에 심은 벚나무에 농약을 뿌린다. 그 중에는 생기기 전에 예방을 위해 살포하는 경우도 있다.

집단으로 존재하고 피해도 크며, 종령이 될 때까지는 붉은 검은색을 띤 징그러운 모습이어서 싫어하는 사람이 많다. 종령이 되면 몸은 검게 변하고, 금색 털이 눈에 띈다.

초가을에 발생해 잎을 갉아먹지만 나무는 초봄부터 광합성을 하기 때문에 나무가 말라 죽는 일은 거의 없다. 먹무늬재주나방이 갉아먹은 정도로 시든다면 뿌리가 약해져 있거나, 다른 요인이 복합적으로 작용한 것으로 여겨진다. 공원 등에서는 많은 사람에게 뿌리가 밟혀서 약해진 것일 수도 있고, 가로수로 심은 벚나무라면 품종이 다양하지 않다는 것 등이 원인이 될 수 있다.

## What To do — 문제 해결

- 8월 말부터 9월에 걸쳐 연 1회 생기므로, 그때 잘 관찰하여 나무젓가락으로 제거한다.
- 약령유충일 때는 집단으로 뭉쳐 있으므로 높이 있는 가지는 가지치기용 긴 가위로 가지째 잘라낸다.

하지만, 벚나무의 경우 대부분 큰 나무이므로 잘라내지 못하는 경우가 많다. 가능한 쌍살벌류나 벌이 찾아오도록 평소에 농약을 치지 말고 자연의 힘에 맡겨두는 것이 중요하다.

가로수나 공원에 심은 나무에 벌레가 생기지 않았는데도 예방 차원에서 농약을 뿌리는 것은 천적을 죽일 뿐, 매년 다시 먹무늬재주나방을 불러들이는 셈이 된다.

## 먹무늬재주나방

**유충(2령 또는 3령 정도)_** 7월부터 8월에 걸쳐 벚나무, 살구나무, 사과나무에 발생한다. 하지만 특히 좋아하는 것은 왕벚나무이다. 나무젓가락으로 잡아 제거하지만 그대로 두어도 천적에게 잡아먹혀 차츰 사라진다. 나무가 잎 하나 없이 민둥산이 되어도 이듬해에는 새싹이 나온다.

**종령_** 약 50㎜. 다른 유충들이 새싹을 좋아하는 것에 비해 이 유충은 가을에 딱딱해진 잎을 더 좋아한다. 인체에 닿아도 해는 없다. 꽃눈까지 먹어 치워 이듬해 꽃을 즐길 수 없을 정도의 피해를 입는다.

**잎을 갉아먹는 먹무늬재주나방_** 열심히 왕벚나무를 갉아먹고 있는 유충.

**탈피껍질**

**도깨비집병_** 빗자루 뭉치처럼 보이는 가지가 도깨비집병에 걸린 가지이다. 몇 개씩 볼 수 있다.

ⓒ伊東幸男

**왕벚나무_** 먹무늬재주나방이 발생하기 쉽기 때문에 공원이나 길가에 심은 왕벚나무에는 농약을 뿌리는 경우가 많다.

# 회양목명나방

*Glyphodes perspectalis*

- 서식장소_ 한국회양목, 영국회양목
- 발생시기_ 6~9월
- 먹   이_ 잎
- 천   적_ 쌀좀알벌(알에 기생), 송충알벌 등의 기생벌, 쌍살벌, 사마귀, 새, 애소금쟁이, 아시아실잠자리, 그물을 만드는 타입의 거미(성충을 먹는다), 꽃노린재류(유충을 먹는다)

회양목명나방은 잎이나 가지 사이에 실을 둘러치고 그 안에서 잎을 갉아먹는다. 한국회양목을 좋아하지만 영국회양목도 좋아해 말라 죽게 만든다. 잎이 하나도 남지 않고 말라 죽은 것처럼 보여도 바로 포기하지 말고 다음 해 봄까지 기다려 보자. 의외로 다시 새 잎이 나오기도 한다. 한국회양목에 비해 서양풍인 영국회양목은 잎이 부드러워 가드닝 붐이 일 때 울타리로 인기가 많았다. 하지만 회양목명나방이 많이 생겨 최근에는 공원 등에도 새로 심지 않는다.

해외에서 들어온 식물이 인기를 끌어 여러 곳에 많이 사용하면 병충해를 입기 쉽다.

회양목에 피해를 주는 벌레로 자나방류에 속하는 종류(*Nothomiza formosa*)도 있다.

## What To do  문제 해결_ 지속적으로 손으로 잡는다.

 회양목명나방

**회양목명나방의 피해_** 회양목명나방이 갉아먹은 영국회양목.

**유충_** 실을 토하면서 잎을 갉아먹고 있다.

**유충_** 35㎜.

**회양목을 갉아먹는 자나방류의 유충_** 20㎜. 회양목명나방 이외에 회양목을 갉아먹는 대표적인 벌레이다. 사진은 *Nothomiza formosa*.

# 자벌레(자나방류)

*Geometridae*

- 서식장소_ 종류에 따라 다르다
- 발생시기_ 봄~가을. 버드나무얼룩가지나방(사철나무를 먹는다)은 5, 8, 9, 10월
- 먹  이_ 잎
- 천  적_ 알좀벌, 쌍살벌, 무당거미, 호랑거미 등

자벌레는 위험을 감지하면 가지인 척하는 경우가 많다. 종류가 많고 다양한 나무에 생기지만 많이 생기지는 않는다. 그 중 사철나무에 많이 발생해 잎을 모두 먹어 치워 버리는 버드나무얼룩가지나방 등, 특정 나무만을 좋아하는 종류도 있다. 만약 자벌레가 발생한 다음 나무가 시들었다면 자벌레에 의한 피해 이전에 뿌리가 약해졌거나, 산울타리를 만들기 위해 한 종류를 너무 촘촘하게 심어서 나무가 약해진 것은 아닌지 살핀다.

기본적으로 자나방은 걱정하지 않아도 괜찮다.

### What To do — 문제 해결

많이 없으면 잘 관찰한 뒤 다른 장소에 풀어 준다. 조금 있는 것도 참을 수 없다면 잡는다.

# 거염벌레(도둑나방류)

*Noctuidae*

- 서식장소_ 다양한 채소, 화초
- 발생시기_ 4~11월 중으로 종에 따라 다양하다
- 먹  이_ 잎
- 천  적_ 쌍살벌, 꽃노린재류, 쌀좀알벌, 별늑대거미, 지네, 개구리 등

'야도충'이라고도 부르며, 이름에서 알 수 있듯이 밤에 활동하고, 잎을 갉아먹는다. 먹는 식물은 다양하다. 파밤나방이나 담배거세미나방 등은 많은 농약에 내성이 생겨 방제가 어려워 '난방제해충(難防除害虫)'이라고 한다. 야행성이므로 많은 벌레들의 천적인 벌이나 새 등과 활동하는 시간대가 달라 쉽게 잡히지 않는다. 그래도 쌍살벌 등은 도둑나방류의 유충을 먹고 꽃노린재류는 알을 먹는다. 쌀좀알벌은 알에 기생한다. 별늑대거미 등 땅 위를 배회하는 거미 종류의 유충도 잡아먹는다. 그 외에 강력한 천적으로 지네, 개구리 등이 있다.

### What To do — 문제 해결

- 밤에 물을 주면 거염벌레가 늘어나는 듯하므로, 저녁 이후에는 물을 주지 않는다.
- 초목회를 땅에 뿌린다.
- 커피찌꺼기를 땅에 뿌린다.
- 낮에 갉아먹힌 식물의 아래쪽 땅을 손으로 파보면 땅속에 거염벌레가 있으므로 잡는다.

## 자벌레(자나방류)

**몸큰가지나방 유충**_ 80~90㎜. 가지인 척하는 몸큰가지나방의 유충, 고양이 얼굴 같은 모습이다.

**매화가지나방**_ 35㎜. 생생한 색깔의 무늬가 있다.

**큰알락흰가지나방**_ 50㎜. 먹이는 감나무 잎. 보고 싶으면 고욤나무 등을 잘 살펴보자.   ©伊東幸男

**흰그물물결자나방**_ 펼친 날개 길이 20~30㎜. 현대추상화처럼 아름다운 나방이다.

 ## 거염벌레(도둑나방류)

**거염벌레**_ 잎에 구멍이 나 있는데도 벌레가 보이지 않는다면 거염벌레일 가능성이 높다.

**담배거세미나방**_ 약 37㎜. 어떤 식물이든 먹는다. 편식하지 않는 채식성 나방. 천적으로 육식 노린재류(*Eocanthecona furcellata*)가 있다.

**초목회 뿌리는 방법**_ 거즈에 싸서 손목을 살짝 두드리면서 뿌린다.

**메밀거세미나방 성충**_ 펼친 날개 길이 45~52㎜. 고흐의 유화 같은 분위기로 강렬함하다.

#  주머니나방의 유충(주머니나방류)

### *Psychidae*

- 서식장소_ 남방차주머니나방 : 은행나무, 감탕나무 등
  차주머니나방 : 칸나, 해바라기, 만병초류 등
- 발생시기_ 피해를 주는 시기는 여름~가을. 모습은 연중 볼 수 있다.
- 먹 이_ 잎
- 천 적_ 기생벌, 새

시든 잎이나 가지에 싸여서 마치 도롱이를 쓰고 있는 듯한 주머니나방의 유충.

재미있는 모습이 귀여워 그대로 둘 때가 많지만 차주머니나방의 소형 유충은 많이 발생하여 피해가 심할 때도 있다.

가리는 것 없이 다양한 식물을 먹는다. 한번은 만병초류에 많이 생겨 잎을 모두 먹어 치울 뻔한 적이 있었고, 냄새가 강한 허브까지 먹어치운 일도 있다. 구골나무와 목서의 교배종인 구골목서 등 다양한 식물에 붙어 있다.

1~2마리라면 신경쓸 필요도 없지만 집단으로 있을 때는 장갑을 끼고 한 마리씩 손으로 잡는다. 손으로 잡아보면 알겠지만 매우 단단히 붙어 있다. 잡은 것은 불쌍하지만 짓눌러버려야 한다. 그대로 두면 다시 와서 잎을 갉아먹는다.

남방차주머니나방은 한때 해외에서 들어온 것으로 추측되는 천적인 기생파리의 일종(*Nealsomyia rufella*)에 의해 그 수가 격감해 존재가 위태로웠었다. 어떤 조사에 의하면 남방차주머니나방에 기생하는 천적이 90% 이상이었다고 한다.

그러나 최근에는 그 천적에 2차 기생하는 좀벌류나 맵시벌류가 늘어나면서 남방차주머니나방도 다시 늘어나고 있다. 남방차주머니나방이 전멸하기 전에 자연의 균형을 유지하기 위한 장치가 작동한 것이 아닌가 생각한다.

옛날에는 주머니나방의 유충으로는 남방차주머니나방의 유충이 대부분이었지만, 최근에는 도시 근교에서 거의 볼 수 없게 되었다. 만약 정원에 남방차주머니나방이 있다면 죽이지 말고 소중히 여겨야 한다.

## What To do — 문제 해결

장갑을 끼고 잡은 뒤 발로 밟는다. 도롱이에 싸여 있으므로 자연농약도 효과가 없다.

## 주머니나방의 유충(주머니나방류)

**주머니나방 종류의 유충_** 약10㎜.

**차주머니나방_** 약 30㎜.

**주머니나방의 유충 종류**

**차주머니나방 유충**

작은 가지를 사용해 도롱이를 만드는 차주머니나방은 정원에서 자주 볼 수 있다. 시든 꽃을 이용하는 검정주머니나방 종류도 있다.

낙엽수는 여름이면 잎이 무성해져 그늘을 만들고, 겨울이면 잎이 떨어져 햇빛이 들어온다. 또한, 낙엽수에는 꽃이나 열매, 그리고 단풍을 즐길 수 있는 종류가 많다. 상록소교목이나 지표식물과 함께 심으면 천적이 되는 벌레, 파충류, 작은 새들이 정원에 찾아온다.

# 줄녹색박각시

*Cephonodes hylas*

- **서식장소_** 치자나무, 꽃치자
- **발생시기_** 6~9월
- **먹   이_** 잎
- **천   적_** 쌍살벌, 말벌류, 사마귀, 새, 개구리, 거미

줄녹색박각시는 몸은 어두운 녹갈색으로 허리에 붉은색과 검은색 띠가 있고 날개가 투명한, 매우 특징 있는 박가시류이다. 낮에도 활동하고, 날개 소리가 커서 눈에 잘 띈다. 우화 직후에는 날개가 투명하지 않고 인분(鱗紛:비늘 모양의 분비물)에 쌓여 있지만, 날갯짓을 강하게 하여 인분을 떨어뜨리면 날개가 투명해진다.

유충을 보면 '이것이 정말 줄녹색박가시인가?'라고 생각할 만큼 색이나 모양이 성충과 다르다.

유충은 치자나무나 꽃치자의 잎을 먹기 때문에 화단에서 흔히 볼 수 있고, 도시의 공원에서도 쉽게 볼 수 있다. 얕은 흙에서 번데기가 되기 때문에 땅 부근에 있는 육식성 생물이 천적이 된다.

한 마리의 줄녹색박각시가 번데기가 되기까지 먹는 치자나무의 잎은 약 15장. 잘 자란 치자나무라면 줄녹색박가시가 몇 마리 정도 있어도 시들지는 않지만, 아직 작고 잎의 수가 적은 것은 줄녹색박각시를 제거하지 않으면 피해가 커진다.

우리집에서는 줄녹색박각시를 관찰하고 싶어서 생기기를 기다려 봤지만 새나 벌, 사마귀에게 빼앗기고 말았다. 성충의 모습이 꼭 보고 싶어서 번데기가 되기 직전의 종령유충을 가지고 들어와 키워서 겨우 성충이 된 것이 전부이다.

성충은 긴 구문(口吻 : 입)을 가지고 있고, 공중정지하면서 여러 꽃의 꿀을 따러 온다. 날개 소리가 꽤 커서 벌로 착각하거나 벌새류로 착각하는 사람도 있다고 하는데 벌새류는 남북아메리카에만 서식한다.

## What To do                                문제 해결

치자나무의 잎을 잘 관찰했을 때 잎에 갉아먹은 흔적이 있으면 유충이 있을 가능성이 크다.
파인애플 모양의 배설물이 치자나무 잎 위에 굴러다니고 있으면 상당히 큰 것이다.
유충은 잎색과 비슷해서 발견하기 어렵지만, 잘 찾아서 나무젓가락 등으로 잡는다.
새나 벌이 잘 오는 정원이라면 많이 발생하지는 않는다.

## 줄녹색박각시

**거의 녹색인 기본형 유충_** 치자나무의 잎과 비슷하게 동화되어 찾기 어렵지만, 잘 찾아보면 점점 잘 발견할 수 있다.

**치자나무를 갉아먹고 있는 유충_** 60~65㎜. 흔히 볼 수 있는 유충. 핑크색 반점이 있다. 미각(尾角)이라는 돌기가 박각시류의 특징이지만, 사람을 찌르지는 않는다. 그 밖에 흑백 마디에 붉은색 반점이 있는 것도 있다.

**배설물_** 뚜렷한 홈이 있어서 마치 파인애플 같다. 유충이 성장함과 동시에 배설물도 커진다.

**성충_** 펼친 날개 길이 50~70㎜. 날개가 투명하다. 우화 직후에는 인분(鱗粉)이 있지만, 날갯짓을 세게 하여 인분을 떨어뜨린다. 공중정지 상태로 꿀을 따는 모습은 상당히 귀엽다.

**치자나무 꽃_** 여름이 되면 달콤한 향기가 나는 치자나무 꽃은 인기가 많고, 도시의 공원이나 정원에도 많이 심는다. 그 때문에 줄녹색박각시의 유충, 성충도 쉽게 볼 수 있다.

**피해를 입은 치자나무 잎_** 치자나무를 홑꽃잎, 겹꽃잎, 꽃치자에 관계없이 갉아먹는다. 별로 크지 않은 치자나무가 너덜너덜해지는 경우도 있다.

# 선녀벌레

*Geisha distinctissima*

- **서식장소**_ 다양한 나무, 산울타리, 정원수 등과 같이 바람이 안 통하고 햇빛이 잘 안 드는 곳. 방치된 정원수나 화초에는 별로 발생하지 않는다.
- **발생시기**_ 7~9월
- **먹     이**_ 새로 난 가지, 잎을 빨아 먹음
- **천     적**_ 나방, 새, 사마귀, 거미, 벌, 개구리, 기생벌

하얗고, 부드러워 보이는 것이 가지나 줄기에 붙어 있다면, 그것은 큰날개매미충류의 유충이다. 정원에 특히 많은 것은 선녀벌레로 유충은 하얀 납물질에 싸여 있다.

여러 종류의 식물을 먹는 다식성이므로 낙엽수·상록수를 가리지 않고 다양한 나무에 생기지만 대부분 가지와 잎이 빽빽하게 나 있는 곳에 생긴다. 키위에 많이 생긴 예도 있다. 침엽수에는 거의 발생하지 않는다.

선녀벌레와 마찬가지로 매미목에 속하는 큰날개매미충류의 유충 중에는 브라질 삼바축제인 '리우 카니발'에서 무용수들이 쓰는 털장식 같은 것이 엉덩이에 붙어 있고, 얼굴은 금붕어처럼 재미있게 생긴 벌레도 있다.

선녀벌레나 큰날개매미충류가 발생해서 시든 나무는 본적이 없으므로 겉모습은 지저분하지만 크게 신경쓰지 않아도 된다.

## What To do    문제 해결

- 가지와 잎이 빽빽하게 나 있는 곳을 좋아하므로 가지치기로 가지를 숙아 햇빛이 잘 들고, 바람이 잘 통하게 한다. 그것만으로도 선녀벌레의 발생을 상당히 막을 수 있다.
- 동백나무는 열매가 달려 있는 가지에 발생하는 경우가 있으므로 장갑을 끼고 긁어서 떨어뜨리거나 작은 가지는 가지째 잘라낸다.
- 위의 방법을 모두 사용한 뒤에도 신경이 쓰일 경우에는 마늘 목초액을 뿌려서 접근하기 어렵게 한다.
- 그래도 안 되면 마늘 참기름제를 뿌린다.
- 잡초를 뿌리째 뽑지 말고 5cm 정도 높이로 가지런히 잘라두면 천적이 풍부해져 지속적으로 많이 생기지는 않는다.

# 선녀벌레와 그 밖의 큰날개매미충류

**선녀벌레 유충_** 약 5㎜. 몸 전체가 납물질로 싸여 있다. 많이 생기면 보기에 좋지 않지만, 이것 때문에 나무가 약해지지는 않는다. 햇빛이 잘 들고, 통풍이 잘 되게 하면 이듬해부터는 발생을 억제할 수 있다.

**선녀벌레 성충_** 9~11㎜. 학명 *Geisha distinctissima*는 기생이라는 의미인데, 이런 이름이 붙은 것은 아름다운 에메랄드그린색 날개와 붉은색 띠무늬 때문이 아닐까?

**먹날개매미충 성충_** 10~13㎜. 전체가 녹갈색으로 가는 그물모양 날개맥이 있다. 양쪽의 바깥쪽 날개 중앙에 흰 무늬가 있는 것이 특징이다.

**일본날개매미충 성충_** 9~11㎜. 칡, 마, 빈도리, 귤 등의 나무를 좋아하기 때문에 정원에서는 거의 모습을 볼 수 없다.

**부채날개매미충 유충_** '리우 카니발'의 무용수에 비유한 사람도 있는데, 엉덩이에 민들레씨 같은 것을 붙이고 다닌다. 다양한 나무에 피해를 준다고 하지만 아직까지 거의 본 적이 없다.

**부채날개매미충 성충_** 9~10㎜. 날개가 투명해서 매우 아름다운 부채날개매미충. 만약 우연히 만난다면 행운이라 생각하고 그 모습을 잘 보아두자.

# 끝검은말매미충

*Bothrogonia japonica*

- **서식장소_** 다양한 나무
- **발생시기_** 3~11월
- **먹  이_** 가지 끝과 잎을 빨아먹는다.
- **천  적_** 무당벌레류, 나방, 새, 사마귀, 거미, 벌, 개구리, 기생벌 중 벼멸구알벌, 총채벌류

끝검은말매미충은 빽빽하게 심은 수국 등에서 흔히 볼 수 있다. 그 외에 활엽수의 바람이 잘 통하지 않는 부분에 집단으로 있을 때가 있지만 이것도 그다지 신경쓰지 않아도 좋은 벌레이다.

일본에서는 '요코바이'라고 부르는데 '옆으로 긴다'는 의미로 끝검은말매미충의 습성 때문에 붙여진 이름이다. 관찰하면 가는 가지에서도 위험을 감지하면 옆으로 옆으로 도망간다.

## What To do
**문제 해결**

- 나무의 경우, 가지치기로 가지를 솎아서 햇빛이 잘 들고 통풍이 잘 되게 한다.
- 마늘 목초액을 뿌려 접근하기 어렵게 한다.
- 그래도 안 되면 마늘 참기름제를 뿌린다.
- 잡초를 5cm 정도 높이로 잘라두면 천적이 풍부해져서 지속적으로 많이 생기지 않는다.

## COLUMN

### 벌레를 죽이는 일

해충을 제거한 후 죽이지 않고 정원에 그냥 방치해 두는 사람이 있다. 그러면 또 다시 목표로 하는 풀에 와서 갉아먹는다. 갉아먹히는 것이 싫으면 확실히 죽여야 한다.

우리는 많은 생물의 목숨을 희생시키면서 살아간다. 식사를 하는 것도 채소나 고기를 먹으니까 생물을 희생시키는 것이라고 할 수 있다. 완전히 살생하지 않는다는 것은 살아가는데 있어서 불가능한 이야기다.

또, 농약 살포와는 달리 손이나 발 등 자신의 몸을 사용해 죽이는 경우, 짓누를 때의 감촉이나 생명을 빼앗는 것에 대한 죄책감이 불쾌할지도 모르지만 그 감각이야말로 소중하고 필요한 것이라고 생각한다. 그런 감각을 모른 채 자신의 손을 더럽히지 않고 대량으로 생물를 죽이는 방법인 농약을 사용하는 것은 생명에 대한 감각을 둔하게 만든다.

## 끝검은말매미충

성충_ 약 13㎜. 가까이 가면 줄기를 기어가듯이 옆으로 도망간다.

유충_ 9~11㎜. 재미있는 물고기 같은 얼굴에 무심코 웃음이 터진다.

서양수국_ 종종 수국에 무리지어 있지만 실제 피해는 거의 없다.

## COLUMN

### 벚나무를 자르는 바보

일본에는 '벚나무를 자르는 바보, 매실나무를 안 자르는 바보'라는 말이 있다. 벚나무는 자르면 썩기 쉽고 꽃망울도 적어지는데, 매실나무는 반대로 잘라야 꽃이나 열매가 잘 맺힌다는 의미이다. 하지만 벚나무도 자라서 전선에 닿거나, 옆집에 가지가 넘어가면 결국 굵은 줄기를 자르지 않을 수 없다. 매년 가지치기를 해서 높이를 조절하면 굵은 줄기를 자를 필요가 없으므로 잘 썩지 않게 된다.

벚나무는 미국흰불나방이나 먹무늬재주나방, 애흰무늬독나방 등이 발생하기 쉽고, 도깨비집병에 걸리기 쉽다.

거리나 공원에 심은 벚나무의 경우 벌레가 발생하지 않았어도 예방 차원에서 농약을 뿌리는 경우가 있는데, 농약을 뿌리면 천적도 죽게 되므로 해충이 많이 생길 수 있는 위험으로 이어질 수 있다. 또 농약을 뿌리면 '천적이 정원에 오지 않는다 → 매년 해충이 발생한다 → 또 농약을 살포한다'라는 악순환에 빠지게 된다.

# 하늘소류

*Cerambycidae*

- **서식장소_** 단풍나무, 석류나무, 무화과나무 등
- **발생시기_** 5~8월
- **먹   이_** 유충이 줄기와 가지의 내부를 파먹는다.
- **천   적_** 새, 기생벌, 벌

※ 어린 나무에는 알을 낳지 않고, 5~6년 이상 된 나무에 알을 낳는다.
유충에 의한 피해는 줄기 아래쪽에 많다.

한국에는 300여 종 정도의 하늘소류가 서식하고 있다.

대부분 시든 나무, 벌채목, 쓰러진 나무, 장작 등을 먹는 종류로 살아 있는 나무를 먹는 것은 별로 많지 않다.

주의해야 하는 종류는 살아 있는 나무를 먹는 알락하늘소, 울도하늘소, 참나무하늘소 등이다.

특히 정원에서 많이 볼 수 있는 종류는 알락하늘소로 단풍나무나 석류나무, 귤나무, 무화과나무, 뽕나무류, 플라타너스 등을 갉아먹는다.

하늘소류의 유충은 나무 속을 갉아먹으면서 성장한다. 유충이 발생한 나무는 결국 말라버리고 태풍이 불거나 눈이 쌓이면 부러지기도 한다.

나무 속에 알을 낳으면 천적에게 발견될 일도 없어서 너무 많이 번식하겠다 걱정을 했는데, 자연은 그렇게 호락호락하지 않다.

유충이 나무 속에서 갉아먹기 시작하면 나무는 냄새물질을 내보내 기생벌을 불러들인다. 찾아온 기생벌은 긴 산란관을 가지고 있어서 나무 속의 하늘소 유충 몸 안에 알을 낳는다.

하늘소류의 성충은 농약을 뿌려도 날아서 도망갔다가 시간이 지난 후 다시 돌아오기 때문에 어떤 농약도 효과가 없다. 하늘소류를 쉽게 죽일 수 있는 농약은 사람에게도 영향을 미치는 극약일 것이다. 특히 소나무재선충병 대책으로 공중에 살포하는 농약은 흩날릴 것을 염두에 두었기 때문에 땅 위에서 뿌리는 농약보다 더 고농도이므로 주의해야 한다.

## 발견 포인트

나무 밑동에 나무 찌꺼기 같은 것이 있으면 그 위를 잘 살펴보고 줄기에 구멍이 뚫려 있는지 확인한다. 살아 있는 나무에 피해를 주는 하늘소는 높은 곳이 아니라 허리보다 아래 높이의 줄기에 피해를 주는 경우가 많다.

## What To do     문제 해결

- 알을 낳으러 오는 성충을 잡는 것이 가장 효과적인 방법이다. 나무젓가락 등으로 잡아서 봉지에 넣고 밟아 죽인다.
- 유충은 구멍에 철사를 찔러 넣고 손에 느낌이 올 때까지 찌른 다음, 구멍에 된장을 발라둔다.

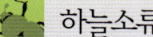 하늘소류

**울도하늘소**_ 15~30㎜. 정원에 무화과나무에서 자주 발견된다. 유충은 나무의 내부, 성충은 잎을 갉아먹는다. 성충은 알을 낳으러 왔을 가능성이 높다.

**알락하늘소**_ 23~35㎜. 버드나무, 귤나무, 무화과나무를 갉아먹는다. 크기가 크고, 잡히면 '끼이끼이'하고 소리를 낸다.

**백강균에 당한 하늘소류**_ 강해 보이는 하늘소류도 백강균에는 당할 수 없다. 몸 전체가 흰 곰팡이로 둘러싸여 죽어 있었다.

**참나무하늘소 유충**_ 약 55㎜. 성충은 45~55㎜, 유충은 큰 것은 90㎜나 된다. 성충은 밤나무, 상수리나무, 졸참나무, 참나무류 등의 줄기를 갉아먹고, 그 상처에 산란관을 꽂아 알을 낳는다. 유충은 줄기 속을 갉아먹고 성충이 되기까지 약 4년이 걸린다.

**하늘소류에 의한 피해**_ 뿌리 근처에 나무 찌꺼기가 있으면 지면 근처의 줄기 부분을 잘 살펴본다. 구멍이 있다면 그곳에 철사를 넣고 위쪽을 향해 찔러서 유충을 없앤다.

**하늘소류 대처법**_ 철사로 찌르고 구멍에 된장을 발라둔다. 하늘소류에게 피해를 입었다고 해서 반드시 나무가 말라 죽지는 않는다. 말라 죽는 것은 여러 가지 원인이 복합적으로 작용했기 때문이다.

## COLUMN

### 소나무재선충병

소나무재선충병은 크기 1㎜ 내외의 실 같은 소나무재선충이 숙주인 솔수염하늘소의 몸에 기생하다가, 솔수염하늘소의 성충이 소나무 잎을 갉아먹을 때 나무에 침입하여 수분과 양분의 이동통로를 막아 나무를 죽게 만드는 병이다. 한국에는 1988년 일본에서 들어와 부산에서 처음 발생하였으며, 일단 감염되면 100% 말라 죽기 때문에 '소나무 에이즈'라고도 한다.

소나무재선충은 약한 나무에 붙는다고 한다. 그래서 농약을 뿌리면 점점 더 뿌리가 약해지고 소나무재선충이 만연하게 될 뿐이다. 게다가 선충의 숙주인 솔수염하늘소의 유충은 줄기 속에 살고 있어서 농약을 뿌려도 효과가 없다. 오히려 천적에게 피해를 줄 뿐이다.

# 노린재류

*Pentatomidae*

- ● **서식장소_** 종류에 따라 다양하다.
- ● **발생시기_** 종류에 따라 다양하다.
- ● **먹    이_** 초식성 : 식물의 열매 등   육식성 : 다른 곤충
- ● **천    적_** 기생벌, 기생파리, 개구리, 새, 잠자리, 사마귀

과수원 등에서는 피해가 크지만 정원의 나무에서 많이 생기는 일은 적다. 대량 발생의 원인으로는 식물의 영양과잉을 생각할 수 있다.

보통 과일나무를 재배할 때는 대량의 화학비료를 주기 때문에 노린재류가 발생할 가능성이 있다. 노린재류의 대량 발생은 생태계의 균형이 무너지고 있다는 것을 의미한다.

노린재류에는 육식성과 초식성이 있고, 육식성 노린재는 잎벌레 등을 좋아해서 잡아먹는다. 따라서 노린재라고 무조건 싫어하지 말고, 그 종류나 식성, 생태를 조사하는 것이 중요하다. 또 색이나 모양이 예쁜 것도 있다.

### What To do — 문제 해결

고무장갑을 낀 손으로 잡아서 봉투에 넣고 밟아 죽인다. 호스로 물을 세게 뿌려서 쫓는다.

## 노린재류

**썩덩나무노린재_** 초식성. 알에 있는 삼각형 무늬가 신기하다.

**갈색날개노린재_** 초식성. 10~12㎜. 주로 과일나무를 갉아먹는다.

**왕침노린재_** 육식성. 20~27㎜. 사람을 물기도 하는데, 상당히 아프다고 한다.

**홍도리침노린재_** 육식성. 12~14㎜. 땅 주변이나 잎 위에 있으며, 다른 벌레의 체액을 빨아 먹는다.

**황소노린재_** 8~9㎜. 마취목이나 좀가시나무에 기생하며, 노린재류의 알도 먹는다고 한다.

**자귀나무허리노린재_** 초식성. 17~21㎜. 유충은 자귀나무에서 자라고, 성충은 감귤류나 감나무에 기생한다.

**노랑배허리노린재_** 초식성. 14~17㎜. 참빗살나무, 화살나무, 노박덩굴 열매를 갉아먹는다.

**긴큰별노린재_** 초식성. 15~19㎜. 예덕나무나 팔손이에서 종종 발견된다.

# 달팽이류

*Bradybaenidae*

- 서식장소_ 낮에는 화분 바닥이나 돌 아래 등에 숨어 있다.
- 발생시기_ 연중(특히 장마나 가을비로 습기가 많은 시기에 자주 볼 수 있다)
- 먹     이_ 식물의 부드러운 부분, 꽃잎, 새싹, 어린잎
- 천     적_ 곤봉딱정벌레, 육지플라나리아류, 새, 개구리, 족제비, 너구리

달팽이는 세계적으로 약 2만 종이나 있다고 한다. 달팽이는 곤충이 아니고 조개의 한 종류이다. 크게 나누어 나무 위에 사는 종류와, 땅 위에 사는 종류가 있다. 지역마다 고유의 특징을 지닌 달팽이도 많기 때문에 그 지역의 환경지표가 되기도 한다.

달팽이는 움직임이 느려서 지역의 자연이 개발되면 다른 장소로 이동해 오지 못한다. 때문에 나중에 아무리 나무를 심어도 더 이상 그 모습을 볼 수 없게 된다. 1995년 일본에서 한신[阪神] 대지진으로 무너진 주택자리에 아파트가 건설되었을 때 정원에 살고 있던 달팽이는 완전히 자취를 감췄다고 한다. 즉, 그 지역에 서식하고 있는 달팽이 종류나 수가 지역 생명이 자연이 얼마나 남아 있는지의 지표가 된다고 한다. 최근에는 재래종이 감소하고 수입 식물과 함께 들어온 외래종이 많아진 듯하다.

달팽이는 태어날 때부터 껍데기를 등에 지고 있어서 성장함에 따라 껍데기도 자란다. 껍데기가 깨져도 쉽게 고친다. 또한, 암컷과 수컷이 나누어지지 않은 자웅동체이므로 교미를 하면 둘 다 알을 낳는다. 식물의 부드러운 부분, 꽃잎, 새싹, 어린잎 등을 갉아먹고, 갉아먹은 부분에는 구멍이 생긴다.

## What To do                                문제 해결

- 저녁 이후에는 되도록 물을 주지 않는다.
- 초목회를 싫어하므로 흙에 살짝 뿌려두면 좋다.
- 나무젓가락이나 고무장갑을 낀 손으로 잡아서 발로 밟아 죽인다.
- 달팽이류와 민달팽이 등을 중간숙주로 하는 광동주혈선충이라는 기생충이 사람한테도 해를 끼친다고 알려져 있으므로 만진 뒤에는 반드시 손을 씻어야 한다.

### COLUMN
### 오른쪽 감기와 왼쪽 감기

달팽이는 등에 지고 있는 껍데기가 감긴 방향에 따라 오른쪽 감기와 왼쪽 감기로 나눌 수 있다. 달팽이의 집을 정면에서 보았을 때 달팽이집의 입구가 오른쪽에 있으면 오른쪽 감기, 왼쪽에 있으면 왼쪽 감기이다.

## 달팽이류

**달팽이와 배설물**_ 잎 뒷면에는 검은 배설물과 함께 작은 달팽이가 있다. 배설물은 점액 때문에 미끈거리고 빛난다. 최근에는 소형 달팽이가 외래종 화초와 함께 늘어나고 있다.

**구멍 난 달팽이 껍질**_ 일본 관동지역에 서식하고 있는 대형 달팽이다. 달팽이 껍데기에 구멍이 나면 내부에서 보수한다.

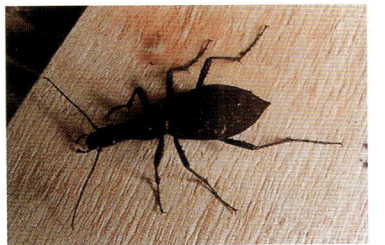

**곤봉딱정벌레 성충**_ 38㎜. 야행성으로 유충·성충 모두 달팽이를 잡아먹는다. 달팽이는 거품을 내며 저항한다.

오른쪽 감기 달팽이는 정면에서 보면 오른쪽에 껍데기의 입구가 있다.

왼쪽 감기 달팽이

**왼쪽감기달팽이**
(*Euhadra quaesita*)

# 민달팽이

*Incilaria bilineata*

- 서식장소_ 습한 곳
- 발생시기_ 3~11월 (한겨울을 제외하고 거의 연중)
- 먹   이_ 꽃, 잎
- 천   적_ 육지플라나리아류, 딱정벌레류, 새, 개구리, 두꺼비, 도마뱀, 지네류

최근 재래종이 적어지고 외래종이 늘어나고 있다. 민달팽이에게 달팽이 같은 껍데기가 없는 것은 돌 아래에 숨어 들어가기 위해 껍질을 버린 것이라는 이야기도 있다.

달팽이와 달리 숨을 껍데기가 없어서 야행성이며, 달팽이처럼 자웅동체이다.

몸이 잘 미끄러지도록 발의 앞끝에서 점액을 분비하기 때문에, 민달팽이가 지나간 자리는 미끌미끌 반짝거려서 미움받는 경우가 많다. 많이 생기는 이유는 습기가 많거나, 완숙되지 않은 덧거름을 주었을 때 등을 생각할 수 있다. 흙 속에 음식물쓰레기를 묻으면 발생하기 쉽다.

민달팽이는 식물의 꽃이나 잎을 먹기 때문에 잡초를 없애면 소중한 화초가 표적이 된다. 잡초는 뿌리까지 뽑지 말고 보기 흉하지 않을 정도로 남기거나, 어느 정도 높이에서 잘라 주는 것이 좋다. 민달팽이도 일부러 먼 곳이나 높은 곳에 올라가지 않아도 주변에 먹이가 있으면 그곳에서 해결할 것이다.

또, 석회를 뿌려 쫓아낸다는 사람도 있는데, 석회는 거미 등도 죽이므로 유기농 정원에서는 권하고 싶지 않다.

거머리나 지네는 싫어하는 사람이 많지만 민달팽이를 잡아먹기 때문에 사람과 마주치지만 않으면 정원에 꼭 있어야 하는 생물이다. 특히 육지플라나리아류는 민달팽이의 천적이다.

## What To do — 문제 해결

- 나무젓가락이나 고무장갑을 낀 손으로 잡아서 죽이거나 소금물을 만들어 넣는다. 광동주혈선충이라는 기생충이 있으므로 만진 뒤에는 반드시 손을 씻어야 한다. 사람에게도 해를 끼쳐 사망한 사례도 있다.
- 초목회를 싫어하므로 흙에 뿌려두면 좋다.
- 소금을 뿌리면 민달팽이는 없어지지만 흙에는 염분이 좋지 않다.
- 맥주를 놓아두면 냄새를 맡고 민달팽이가 찾아오는데, 맥주만 먹고 달아나기도 하므로 어느 정도 깊이가 있는 통을 사용하지 않으면 효과가 적다.
- 잡초를 어느 정도의 높이로 가지런히 자르고 남겨 둔다.

## 민달팽이

**알을 낳고 있는 민달팽이**

저녁에 물을 주면 오후 8시경부터 민달팽이가 돌 밑이나 화분 밑에서 나온다.

잡초를 뿌리째 뽑으면 사람이 소중히 가꾸는 식물 밖에 남지 않으므로 그것을 먹어 치운다.

민달팽이가 갉아먹은 흔적. 민달팽이는 야행성이므로 낮에는 잘 볼 수 없지만 이렇게 갉아먹은 흔적이 있으면 주의해야 한다.

# 거품벌레류
*Aphrophoridae*

- **서식장소**_ 대부분의 식물
- **발생시기**_ 5~6월에 많고, 한여름 이후에는 잘 볼 수 없다.
- **먹    이**_ 식물의 줄기에서 즙액을 빨아 먹는다.  ● **천    적**_ 먹꼬마구멍벌

비가 많은 해에는 거품벌레류가 많이 보이는 듯한 것으로 보아 습기를 좋아하는지도 모르겠다.

비가 내리면 거품이 녹아버릴 것 같지만 그런 어설픈 거품이 아니다. 비에도 씻겨 내려가지 않고, 바람에도 날아가지 않으며, 건조함에도 강하고, 잘 뚫어지지 않고, 잘 부서지지 않는다. 그렇게 천적으로부터 몸을 보호하고 있다.

사람이 비누거품 속에 얼굴을 묻고 있으면 질식하지만 거품벌레의 유충은 괜찮다. 거품 사이의 미세한 틈으로 공기가 통한다. 거품을 보면 바로 알 수 있으므로 찾기 쉽다.

정원에 흔히 있는 흰띠거품벌레는 버드나무, 뽕나무, 사철나무, 장미 등에 피해를 주는 것이 정설이지만, 그 외에도 다양한 식물을 갉아먹고, 나무뿐만 아니라 화초에도 달라붙고, 남천이나 향기가 짙은 민트에도 붙는다.

유충에게 빨아 먹힌 민트는 잎이 누렇게 변하고, 확실히 힘이 없어 보이는 색으로 변한다. 그러나 그렇다고 시들지는 않고 거품벌레가 없어지면 다시 건강해진다.

과연 이 거품을 뚫고 잡아먹거나 기생하는 벌레가 있을지 궁금했는데, 구멍벌류 중에서 먹꼬마구멍벌이 거품벌레를 잡아먹는다고 한다. 어떻게 잡아먹는지 먹고 있는 장면을 보고 싶다. 사람에게 해를 끼치지는 않는다.

## What To do                                                문제 해결

- 고무장갑을 끼고 거품을 제거한 뒤 유충을 발견하면 죽인다.
- 매일 아침, 저녁으로 물을 세게 뿌려 거품째 흘려보내는 방법도 있다.

## 거품벌레류

**거품집**_ 교목(큰키나무)에는 그다지 만들지 않고, 사람의 키보다 낮은 관목에서 자주 볼 수 있다.

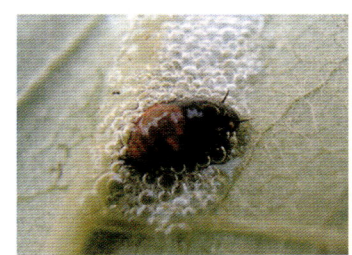

흰띠거품벌레 유충

**COLUMN**

### 비누를 만드는 벌레

거품벌레의 유충은 나무에서 빨아먹은 수분과 자기 몸에서 나온 알카리 성분이나 지질을 섞어 거품을 만든다. 그 거품을 이용해 적으로부터 몸을 숨기고, 또 적이 접근하기 어렵게 한다.

거품의 성분은 비누와 똑같다. 거품을 없애면 엉덩이가 빨간, 의외로 귀여운 벌레를 볼 수 있다. 거품이 없어져도 잠시 지나면 또 거품을 만든다.

# 극동등에잎벌

*Arge similis*

- **서식장소_** 만병초류, 영산홍류
- **발생시기_** 4월 하순~10월(1년에 3~4회 발생한다)
- **먹   이_** 만병초류나 영산홍류의 잎. 특히 왕자색철쭉 등 잎이 큰 종류
- **천   적_** 사마귀, 도마뱀, 거미, 침노린재류, 개구리, 벌, 새, 먹꼬마구멍벌, 기생파리류

대부분의 벌은 나비나 나방류의 유충을 잡아먹거나 기생하는 고마운 존재이지만 그 중에도 식물의 잎을 먹는 채식성 벌이 있다. 그 종류를 잎벌류라고 하며, 정원에서 흔히 볼 수 있는 것은 만병초류나 영산홍류의 잎을 갉아먹는 극동등에잎벌이다.

유충은 잎맥만 남기고 깨끗이 잎을 먹어 치우므로 이런 잎을 발견하면 그 근처를 잘 살펴보자. 투명한 느낌의 광택 있는 녹색으로 약령유충기가 지나면 검은 점이 많이 생기므로 바로 알 수 있다.

성충은 광택이 나는 검은색이 섞인 파란색으로 약 1㎝의 벌이다. 하지만 멈춰 있는 모습을 보면 벌이라기보다 등에나 파리와 닮았다.

벌이라고 해도 독침이 없으므로 사람에게 피해를 주지는 않는다.

성충은 쌍살벌류나 말벌류 같은 벌집을 만들지 않고 톱모양의 산란관으로 잎을 찢고 그 안에 알을 낳는다. 성충은 잎을 먹지 않는다.

땅속에서 번데기가 되므로 지면에 육식성 생물이 많이 있으면 좋다.

그 외의 잎벌류에는 배추과 식물 (채소가 많다)을 갉아먹는 연무잎벌, 참소리쟁이를 갉아먹는 검정날개잎벌이 있다. 조팝나무를 갉아먹는 잎벌(*Apareophora japonica*)은 무지개색으로 상당히 아름답다

## What To do — 문제 해결

- 유충은 손으로 잡는다.
- 성충을 발견하면 알을 낳지 못하도록 부지런히 마늘 목초액을 살포한다.
- 유충이 번데기가 될 때, 땅속에 들어가 고치를 만들기 때문에 지면 근처에 다양한 생물이 있는 것이 좋다.

## 극동등에잎벌

**유충**_ 최대 20㎜.

**성충**_ 최대 10㎜.

벌이라고 해도 유충은 만병초류나 영산홍류의 잎을 먹는다. 성충은 잎에 1개씩 알을 낳으며, 함께 모여서 사는 벌집은 만들지 않는다.

**왕자색철쭉**_ 극동등에잎벌이나 진달래방패벌레 등의 피해를 막으려면, 자르는 것뿐만 아니라 때때로 가지를 솎아내서 통풍이 잘 되도록 한다. 낙엽은 치운다.

**극동등에잎벌에 의한 왕자색철쭉의 피해**_ 만병초류의 잎을 잎맥만 남기고 모두 먹어버린다. 특히 왕자색철쭉에 심한 피해를 주는 듯하다.

#  장미에 붙는 잎벌류

*Tenthredinidae*

- **서식장소_** 장미
- **발생시기_** 5~11월. 유충은 새싹이나 새잎이 자라는 봄이나 가을에 많다.
- **먹  이_** 장미 잎
- **천  적_** 사마귀, 도마뱀, 거미, 침노린재류, 개구리, 벌, 새, 먹꼬마구멍벌, 기생파리류

장미는 여러 종류 잎벌의 표적이 된다.

왜장미등에잎벌, 장미등에잎벌 등이 장미를 좋아하는 잎벌류이다.

살아가는 모습은 만병초류나 영산홍류에 피해를 입히는 극동등에잎벌의 유충과 거의 비슷하다(P.132 〈극동등에잎벌〉 참고)

장미 재배가 활발한 영국과 위도, 습도, 온도 등 크게 차이가 나는 환경은 장미의 입장에서는 매우 견디기 힘든 환경이다. 그래서 잎벌류뿐만 아니라 진딧물이나 흰가루병, 그 외 병충해의 모임장소가 되어 버린다. 그것을 억지로 예쁘게 키우려고 하면 살균제, 살충제, 화학비료 등 유기농과 먼 원예가 되는 것이다.

잔인한 이야기 같지만 말라 죽은 것은 어쩔 수 없다고 받아들이고 남아 있는 것만 자신의 정원에 적합하다고 생각해야 한다.

그래도 장미를 키우고 싶다면 인위적으로 만들어진 원예종 장미(하이브리드계)보다는 원종이나 원종에 가까운 장미(올드로즈계)를 키우는 건 어떨까?

농약을 뿌리면 천적도 죽어버려 계속 농약을 뿌리게 되므로, 장미정원이라기보다 '농약정원'이 될지도 모른다. 사실, 화학물질과민증 환자가 옆집의 장미 애호가가 뿌린 농약 때문에 증상이 심해져서 문제가 되기도 한다.

## What To do  문제 해결

- 유충은 손으로 잡는다.
- 성충을 발견하면 알을 낳지 못하도록 부지런히 마늘 목초액을 뿌린다.
- 유충이 번데기가 될 때, 땅속에 들어가 고치를 만들므로 땅 근처에 다양한 생물이 많이 있어야 좋다.

## 잎벌류

**검정날개잎벌**_ 약 30㎜. 색의 조화가 아름다운 잎벌류. 호장근, 수영, 참소리쟁이 등을 갉아먹는다.

**장미 잎을 갉아먹는 장미등에잎벌**_ 14㎜.

**하이브리드계의 장미**

**올드로즈계의 장미** ⓒ浜田光

장미는 잎벌류를 비롯하여 병충해가 잘 생긴다. 심는다면 원예종인 하이브리드계보다 원종에 가까운 올드로즈계가 무난하다.

먼저 통로와 수도를 확보하고 나머지는 모두 텃밭으로 만든 정원. 채소의 꽃이나 양배추에는 배추흰나비가 날아오고, 파슬리나 파드득나물에는 산호랑나비가 날아오는 나비정원이기도 하다.

135

# 진달래방패벌레

*Stephanitis pyrioides*

● 서식장소_ 만병초류, 영산홍류  ● 발생시기_ 5~9월
● 먹     이_ 잎을 빨아 먹는다.  ● 천     적_ 방패장님노린재

날개가 투명하고 반짝반짝 빛나서 자세히 보면 매우 아름답다.

진달래방패벌레의 피해는 잎 표면이 색이 바랜 것처럼 변하므로 응애에 의한 피해로 착각하기 쉽다. 하지만 잎 뒷면을 보면 검은 나무진 같은 것이 붙어 있으므로 차이를 알 수 있다(검은 것은 진달래방패벌레의 배설물).

성장이 빨라 1년에 4~5회 발생한다. 즉, 5~9월 사이에는 항상 생긴다.

만병초류에는 응애나 진달래방패벌레가 자주 생기지만 나무를 시들게 하지는 않으므로 크게 신경쓰지 않아도 된다.

그러나 응애나 진달래방패벌레의 발생은 환경이 좋지 않다는 것을 알려주는 것이므로 벌레가 나타났을 때 대응하는 방법으로 해결할 수 없다.

근본적인 해결책은 환경을 바꾸는 것이다.

예를 들어, 응애나 진달래방패벌레가 발생하는 만병초류는 대부분 나무 밑의 밑동에 심은 식물*로 햇빛이 잘 들지 않고 바람이 통하지 않는 경우가 많다. 만병초류를 나무 밑에 심을 경우에는 어디까지나 녹색을 즐기는 정도로만 생각하고, 잎이 갉아먹히거나 꽃이 잘 피지 않는 등의 문제는 포기한다.

\* 소교목(중간큰키나무)의 밑동에 보통 사람의 키보다 낮은 관목을 심어 공간을 채우는 경관중심의 식재방법

## 진달래방패벌레

**진달래방패벌레가 갉아먹은 흔적_** 왕자색철쭉의 앞면은 색이 바랜 듯하다. 뒷면에는 갈색의 배설물이 가득 붙어 있다. 전형적인 진달래방패벌레에 의한 피해이다.

**진달래방패벌레 성충_** 3㎜. 날개가 투명하고 반짝반짝 광택이 난다. 어디에나 있지만 작아서 눈에 잘 띄지 않는다.

그래도 포기하기 싫은 경우에는 몇 포기를 뽑아 공간에 여유를 주거나 햇빛이 잘 들고 통풍이 잘 되는 곳으로 옮겨 심는다.

그러나 진달래방패벌레를 좋아해서 잡아먹는 노린재류도 있기 때문에 생태계의 균형이 잡혀 있으면 많이 발생하는 일은 그리 많지 않다.

약제를 뿌리는 만병초류에는 대부분 발생하지만 농약을 뿌리지 않는 정원에서는 진달래방패벌레에 의한 피해는 거의 볼 수 없다.

경험적으로 보면, 거리나 공원 등 환경이 나쁜 곳에 있거나 농약을 정기적으로 뿌리는 만병초류일수록 진달래방패벌레의 발생이 많은 듯하다.

## What To do — 문제 해결

- 손으로 잡기에는 너무 작고, 빠르기까지 하다.
- 마늘 참기름제와 마늘 목초액을 번갈아 살포해 성충이 접근하기 어렵게 하면서 동시에 알이 부화하지 못하게 하고, 토양의 미생물이 활성화되도록 노력한다.
- 성충인 채로 낙엽 아래에서 겨울을 나므로 가을에 들어서면 만병초류 밑에 있는 시든 잎을 남김없이 깨끗이 긁어내서 제거한다.

# 잎말이벌레(잎말이나방류)

*Tortricidae*

- 서식장소_ 종류에 따라 다양한 수종
- 먹     이_ 새싹, 새잎(새싹이나 새잎이 실에 엮여 있다)
- 발생시기_ 봄~가을. 1년에 3~5회
- 천     적_ 기생벌, 쌍살벌

1장의 잎이 말려 있거나, 2장 이상의 잎이 서로 엮여 있으면 잎말이벌레의 짓이다. 잎말이벌레는 잎을 말거나 엮는 잎말이나방의 유충을 말한다. 돌돌 말려 있는 잎을 펼쳐 보면, 그 안의 유충은 배설물투성이인 채로 실을 엮고, 잎을 갉아먹고 있다. 계속 다른 잎으로 옮겨가기 때문에 잎을 펼쳐 보면 비어 있을 때가 있다.

정원에서 쉽게 볼 수 있는 것은 후피향나무애기잎말이나방, 감탕나무에 붙어 있는 차잎말이나방 등이다. 다양한 나무에 피해를 입히고, 감탕나무 외에도 나한송, 감나무, 감귤류 등 침엽수와 활엽수를 가리지 않고 갉아먹는다. 차나무에는 거의 발생하지 않는다.

## What To do   문제 해결

- 말려 있는 잎, 엮여 있는 잎을 부지런히 손으로 제거한다.
- 말려 있는 잎 속이나 낙엽 아래에서 겨울을 나므로 가을부터 겨울에 걸쳐 말려 있는 잎을 철저히 제거하고, 낙엽을 깨끗이 청소한다.
- 쌍살벌류에 잡아먹히기 쉽게 중간크기 가지를 다듬어서 햇빛이 잘 들고 통풍이 잘 되게 한다.

### 잎말이벌레 (잎말이나방류)

**잎말이벌레에 의한 피해_** 엮여 있는 후피향나무 잎에서 배설물이 새어 나왔다.

**후피향나무애기잎말이나방 유충_** 약 10㎜. 잎을 펼치자 배설물과 함께 유충이 나왔다.

**후피향나무 잎_** 잎은 두껍고 광택이 있다. 밑부분이 붉고 어긋나게 달려 있지만 가지 끝에 모여 있다.

**차잎말이나방 유충_** 약 22㎜. 온갖 것을 먹는 잎말이벌레.

# 참긴더듬이잎벌레

*Pyrrhalta humeralis*

| ● 서식장소_ 아왜나무, 가막살나무 | ● 발생시기_ 유충은 4월 중순부터 발생 |
|---|---|
| ● 먹 이_ 아왜나무나 가막살나무의 새잎 | ● 천 적_ 쌍살벌류, 사마귀, 거미, 개구리, 새 |

아왜나무는 참긴더듬이잎벌레의 피해가 심해 새로 심는 일이 드물다. 오래된 공원이나 정원에서는 종종 볼 수 있는데 농약 살포에 의존하고 있는 듯하다.

하지만 농약을 살포해도 성충은 날아서 도망가므로 자연농약으로도 대처하기 어렵다.

아왜나무는 가능한 심지 않는 것이 좋고, 피해를 입어 말라 죽은 경우에는 다른 나무로 바꾸어 심는 것이 좋다.

아무리 잡아도 다음 날이면 또 성충이 날아온다. 성충과 유충 모두 피해를 주므로 양쪽 모두 부지런히 잡아서 제거한다.

그렇게 하려면 아왜나무가 너무 자라지 않게, 손이 닿을 높이로 가지치기를 하는 것도 중요하다.

**아왜나무_** 광택이 나고 아름다운 잎, 귀여운 흰 꽃, 여름이면 붉은색 열매가 아름답다. 하지만 참긴더듬이잎벌레의 피해가 심해서 요즘은 거의 심지 않는다.

**후피향나무_** 나무 높이가 10m 이상 되지만 정원에서는 가지치기로 높이를 조절해야 한다. 상록수로 성장이 느리다. 원줄기에서 가지가 갈라져 나와 반원형이 된다.

## 참긴더듬이잎벌레

**유충**_ 8~10㎜.

**성충**_ 5.5~7㎜.    ©天田眞

1년에 1회 발생하지만 그 피해는 엄청나다. 유충은 4월경, 잎 위에서 볼 수 있다. 3령으로 종령이 되고, 땅속에 들어가 번데기가 된다. 성충은 6~7월경 나타나고, 9~10월에 알을 낳는다. 작은 가지의 밑부분 껍데기를 갉아내고, 알을 무더기로 낳아 갈색 분비물로 두껍게 싼다고 한다. 이 잎벌레의 피해를 막는 것은 어렵다.

## COLUMN

# 자연농약을 사용하는 정원사로부터 온 편지

 자연농약을 사용하면서 드는 생각은 하나의 강력한 힘이 아니라 작은 힘이 하나하나 쌓여 자연 속에서 균형을 이루어 병이나 벌레가 대량으로 발생하는 것을 막는다는 것이다.
 어제, 처음으로 큰 탱크에 500배 마늘 목초액을 만들어 동력식 분무기로 10곳 정도의 정원에 뿌렸다. 차독나방이나 솔나방의 작은 유충이 생기기 시작하고, 소나무의 응애도 늘어나서 예방겸 뿌린 것이다. 여름철에 화학합성 농약을 뿌리면 육체적, 정신적으로도 인내가 필요하지만, 자연농약은 편하게 뿌릴 수 있다.
 사람들의 반응은 무감각한 사람부터 '이제부터는 이거다!'라는 사람까지 다양하다. 목초 냄새를 싫어하는 사람도 있으므로 이웃집의 빨래 등에 묻지 않도록 조심해야 한다.
 또, 6월경 참나무류에 심한 흰가루병이 생긴 집이 있어서 바람이 잘 통하고 햇빛이 잘 들도록 가지치기를 하고 마늘 목초액을 뿌렸는데, 어제 2개월 만에 가보았더니 흰가루병은 거의 없어지고 잎도 푸릇푸릇하게 건강해져 있어서 아주 기뻤다.

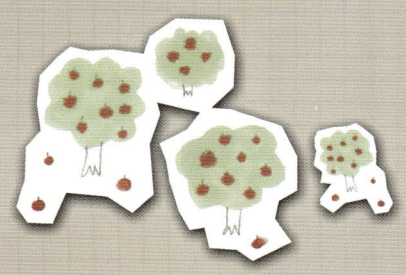

## 예쁜 벌레 · 신기한 벌레

여기서 소개하는 벌레들은 정원에서 흔히 볼 수 있는 것은 아니지만 교외의 정원에서는 볼 수도 있다. 정원에서 보는 것이 극히 드문 일이어서 너무나 큰 기쁨이었다.

**엑스자남생이벌레_** 약 6㎜. 날개는 투명하고 등 중앙에 금색으로 빛나는 X자 무늬가 있는 아름다운 벌레. 벚나무, 사과나무, 배나무 등의 잎을 갉아 먹는다.

**광대노린재_** 16~20㎜. 노린재류의 왕. 크기도 모양도 박력이 넘친다. 정원에서 한 번 밖에 본적이 없다.

**꽈리허리노린재_** 보석 같은 알이 4개씩 예쁘게 줄지어 서 있다. 4진법의 달인인가!?

**애사키뿔노린재_** 11~13㎜. 하트마크를 등에 달고 있는 노린재류. 알을 낳으면 새끼들이 2령유충이 되어 떨어질 때까지 먹지도 마시지도 않고 알을 보호한다.　　　　　　　　　　　　　©天田眞

**등불나비 약령유충_** 개미 같기도 하고, 전갈 같기도 하고, 우주인 같기도 한 참 신기한 유충이다.

**루시별하늘소_** 18~29㎜. 하늘소류 중에는 색이나 무늬가 아름답거나, 희한한 무늬를 가진 종류가 있어 좋아하는 사람이 많다. 루시별하늘소는 일본에만 있는 특산종. 그 모습을 본 사람은 아름다움에 숨을 죽인다. 장작을 쌓아둔 곳 등에 있다. 살아 있는 나무는 갉아먹지 않는다.

**자작장다리거위벌레**_ 5~6㎜. 돌먼소매의 붉은 드레스를 입은 것처럼 보인다.

**박각시류**_ 펼친 날개 길이 40~60㎜. 뱀눈박각시를 닮은 박각시(Smerinthus tokyonis). 마치 뮤지컬 《캐츠》의 가면 같다. 나도 모르게 '메~모리~' 하고 노래를 부르고 싶어진다.

**긴꼬리산누에나방 종령유충**_ 60㎜. 생명을 구걸하기 위해 기도하고 있는 모습 같다고 생각했더니, 필사적으로 사람을 위협하는 포즈라고 한다. 옅은 물색에 붉은 띠를 가진 대형 나방이 되어, 불빛을 보고 모여든다.

**목화바둑명나방**_ 엉덩이에 있는 술을 치어리더처럼 빙빙 돌리는 신기한 나방. 유충은 오이나 여주 등 박과 식물의 잎을 갉아먹는다.

**거무튀튀꼬리납작맵시벌**_ 30~40㎜. 긴 꼬리를 가졌다고 생각하기 쉽지만 이것은 산란관이다. 왜송곳벌, 넓적다리송곳벌 등 목재를 먹는 송곳벌류의 유충에 기생한다. 즉, 벌에 기생하는 벌이다.

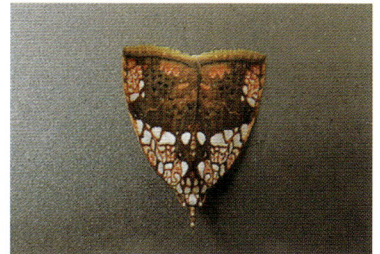

**은무늬모진애기밤나방**_ 15㎜. 펼친 날개 길이 23~27㎜. 마치 호주의 원주민 애버리진이 그린 예술 작품 같다. 유충은 붉나무 잎을 먹는다.

## 정원의 편리한 도구

### ● 독제거기와 사용 방법

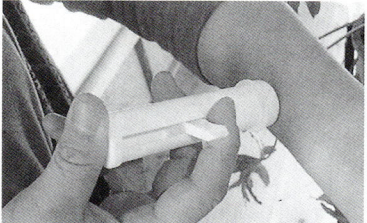
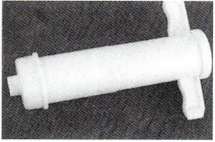

벌, 흡혈성 등에, 지네, 뱀, 모기, 먹파리 등의 피해를 입은 직후에 독을 빨아낸다. 정원에 자주 나가는 사람, 벌레가 질색인 사람에게 반드시 필요한 도구.

### ● 모기향과 모기향 홀더

몸에 달고 이동이 가능하므로 모기 퇴치에 매우 편리하다. 모기향은 제충국으로 만든 것으로 색을 물들이지 않은 것을 선택한다.

### ● 나무주걱

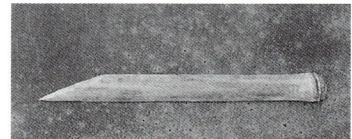

깍지벌레를 긁어서 떨어뜨릴 때 사용한다.

### ● 집게

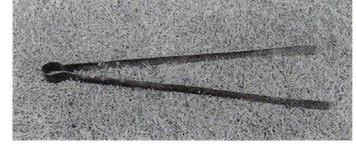

지네를 집어서 밖에 버릴 때 사용한다.

### ● 분무기

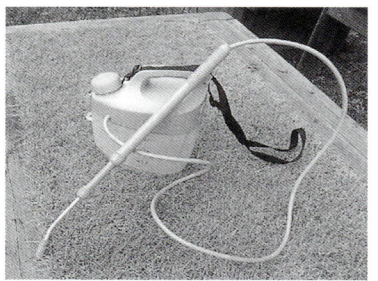

유기농 농약을 살포할 때 사용한다. 건전지로 움직이는 전동식이 편리하다.

### ● 스프레이

화초 등에 유기농 농약을 소량 뿌릴 경우, 분무기가 있으면 쉽게 뿌릴 수 있다.

## INDEX_ 벌레

파충류, 양서류, 포유류 등 곤충 이외의 동물명도 포함하였다.
가는 글씨는 해설 페이지, 굵은 글씨는 사진 페이지이다.

### ㄱ

갈색날개노린재 **125**
개구리 42, **102**, **104**, **105**, **109**, **112**, **116**, **118**, **120**, **124**, **126**, **128**, **132**, **134**, **139**
개미 38, 46, 63, 64, **65**, 66, 67, 68, 69, 86, 87, 88, 90, 91, **102**, **104**, **105**, **107**
개미거미류 **63**
거꾸뤼뤼꼬리납작맵시벌 **142**
거미 42, 53, 55, 59, 60, 61, **62**, 74, 76, 86, **107**, **111**, **116**, **118**, **120**, **132**, **134**, **139**
거북밀깍지벌레 91, **92**
거염벌레 74, 80, 112, **113**
거품벌레류 130, **131**
검정날개잎벌 132, **135**
검정넓적꽃등에 44, **45**
고운까막노래기 70, **70**
고치벌류 57, **58**
곤봉딱정벌레 126, **127**
곤봉호리벌류 57, **58**
곰개미 **65**
공깍지벌레 91, **92**
공벌레 71, **71**
공벌레류 71
광대노린재 **141**
구멍벌 53
구슬노래기류 70
굴파리류 **102**
귀뚜라미 **76**
귤큰별노린재 **125**
그리마류 73, **73**
극동등에잎벌 132, **133**
기생벌 57, **58**, 86, **89**, 91, 94, **95**, 98, 111, 114, 118, 120, 122, 124, 138

기생파리 98, 124, 132, 134
긴꼬리산누에나방 **142**
깍지벌레 31, 38, 40, 42, 43, 46, 63, 91, **92**, 93
꼬리거미 59, **62**
꼬마남생이무당벌레 38, **39**
꼬마붙이소똥풍뎅이 **79**
꽃게거미 **62**
꽃노린재 **111**, 112
꽃등에류 44, **45**, 73, 86
꽃벌류 55, **56**
꽈리허리노린재 **141**
끝검은말매미충 120, **121**
끝노랑애기무당벌레 38, **39**

### ㄴ

나방 76, 118, 120
나비 76
남방제비나비 82, **105**, **105**
남방차주머니나방 **114**
남생이무당벌레 **44**
너구리 **126**
넓적배사마귀 76, **77**
넓적송장벌레(국내미기록) 78, **79**
네점가슴무당벌레 36, **37**
노랑무당벌레 36, **37**
노랑배허리노린재 **125**
노랑쐐기나방 98, **99**
노랑지빠귀 **83**
노래기류 **70**
노린재류 124, **125**

### ㄷ

다리무늬침노린재 **35**
달팽이류 126, **127**
담배거세미나방 112, **113**

담흑부전나비 63, 64
대모벌 53
도마뱀 80, 102, 105, 128, 132, 134
도마뱀붙이 80
독나방 96, 97
동박새 83
두꺼비 128
들풀거미 100
등불나비 141
딱새 83
딱정벌레 109, 128
땅거미 61
때까치 55, 83
때죽납작진딧물 88

## ㄹ

레비호랑거미 61
루비깍지벌레 91, 92
루시별하늘소 141

## ㅁ

말벌류 51, **52**, 116
매화가지나방 113
맵시벌류 57, 102, 104, 105
먹꼬마구멍벌 53, 130, 132, 134
먹날개매미충 119
먹무늬재주나방 109, **110**
메뚜기 76
메밀거세미나방 113
명주잠자리 63
목화바둑명나방 142
몸큰가지나방 113
무늬독나방 96, **97**
무당거미 59, 60, **61**, 112
무당벌레 32, **32**, **33**, 34, 89
무당벌레류 86, 121
무당잎벌레 42, **42**
물까치 83
미국흰불나방 100, **100**, 101
민달팽이 126, 128, **129**

민집게벌레 65

## ㅂ

바퀴 73, 74
박각시 **58**, 116
박새 82, 83, **84**, 85
방패장님노린재 136
배검은꼬마개미 63
배추벌레고치벌 107, **108**
배추흰나비 107, **108**
백강균 **52**, **123**
백할미새 83
뱀허물쌍살벌 49
버드나무얼룩가지나방 112
벌 41, 74, 86, 91, 98, 102, 104, 105, 107, 118, 120, 122, 132, 134
베달리아무당벌레 40, **40**, 91
벼멸구알벌 120
별늑대거미 112
부채날개매미충 119
북방보라금풍뎅이 78, **79**
비단노린재 35
비단벌레 70
뽈밀깍지벌레 91

## ㅅ

사마귀 41, 42, 76, **77**, 86, 102, 104, 105, 109, 111, 116, 118, 120, 124, 132, 134, 139
산왕거미 59, **61**
산호랑나비 104, **104**
삼나무독나방 96, **97**
새 41, 63, 67, 74, 76, 82, 83, 86, 91, 94, 98, 100, 102, 104, 107, 109, 111, 114, 116, 118, 120, 122, 124, 126, 128, 132, 134, 139
선녀벌레 118, **119**
소나무재선충 124
손짓거미 62
솔나방 96, **97**

송충알벌 98, 111
쌀좀알벌 111, 112
쌍살벌류 42, 48, **49**, 138, 139
썩덩나무노린재 125
쐐기청벌 98

## ㅇ

아시아실잠자리 111
아즈마두꺼비 81
알락하늘소 122, **123**
알벌류 57
애사키뿔노린재 141
애소금쟁이 111
애집개미 63
애홍점박이무당벌레 43, **43**, 91
애흰무늬독나방 96, **97**
어리뒤영벌 **56**
어리별쌍살벌 **49**
어리호박벌 55
엑스자남생이벌레 141
여새류 83
연무잎벌 132
올디장지뱀 80
옴개구리 81
왕사마귀 76, **77**
왕지네 **75**
왕침노린재 125
왜장미등에잎벌 134
울도하늘소 122, **123**
육지플라나리아류 126, 128
은먼지거미 59, **61**
은무늬모진애기밤나방 142
이세리아깍지벌레 40, 91, **92**, 93
일본나나니 53, **54**
일본날개매미충 **119**
일본두더지 74
일본땃쥐 74
일본왕개미 **65**
잎말이벌레 138, **138**
잎벌류 57, 132, 134, **135**

## ㅈ

자귀나무허리노린재 125
자벌레 112, **113**
자작장다리거위벌레 142
잠자리 124
장미등에잎벌 57, 134, **135**
장수쐐기나방 98
장수말벌 51, **52**
제비 83
족제비 126
좀뒤영벌 55, **56**
주머니나방의 유충 114, **115**
줄녹색박각시 116, **117**
줄솜깍지벌레 92
쥐며느리류 72
지네류 74, **75**, 128
직박구리 83, **84**
진달래방패벌레 136, **136**
진디고치벌류 58, 86
진디좀벌 58
진디혹파리 86
진딧물 32, 34, 38, 44, 46, 63, 76, 86, **88**, 89
집비둘기 83
집흰개미 67
찌르레기 83

## ㅊ

차독나방 94, **95**, 96, **97**
차잎말이나방 138
차주머니나방 114, **115**
참긴더듬이잎벌레 139, **140**
참나무하늘소 122, **123**
참새 67
천막벌레나방 96
철선충류 76
청개구리 81
청띠깡충거미 **62**, 63
총채벌류 120

칠성무당벌레 34, **35**
침노린재류 63, 109, 132, 134

## ㅋ

큰딱부리긴노린재 86
큰뱀허물쌍살벌 **50**
큰알락흰가지나방 113
큰이십팔점박이무당벌레 41

## ㅍ

파리 76
파리매류 55
파밤나방 112
팔점박이잎벌레 35
풀잠자리류 46, **47**, 58, 86, 91
풀잠자리류알 46, **47**

## ㅎ

하늘소류 122, **123**
호두나무잎벌레 44
호랑거미 112
호랑나비 102, **103**
호리꽃등에 44, **45**
호리병벌 53, **54**
호리병벌류 **54**
혹파리류 91
홍도리침노린재 **125**
홍점박이무당벌레 42, **43**
황소노린재 **125**
회양목명나방 111, **111**
후피향나무애기잎말이나방 **138**
휘파람새 83
흑색무늬쐐기나방 98
흰개미 67, 68, **69**
흰그물물결자나방 113
흰독나방 96
흰등진디물파리 86
흰띠거품벌레 130, **131**

Agriosphodrus dohrni 98, 100
Apareophora japonica 132
Chaetexorista eutachinoides 98
Dinodon orientale 81
Eocanthecona furcellata 98
Epilachna admirabilis 41, **41**
Euhadra quaesita **127**
Henosepilachna yasutomii
  東京西郊型 40, **41**
Menochilus sexmaculatus 黑地型 **39**
Nealsomyia rufella 114
Niponia nodulosa 70, **70**
Nothomiza formosa 111, **111**
Parafontaria laminata 70
Parasa lepida 99
Perilitus coccinellae 35
Plestiodon japonicus 80
Scolopendra subspinipes japonica 75
Scolopocryptops 75
Smerinthus tokyonis **142**
Trogus mactator 102, 103, 104, 105

## ● INDEX_ 식물 · 병명

가는 글씨는 해설 페이지, 굵은 글씨는 사진 페이지이다.

### ㄱ

가막살나무 139
가지 41
감귤류 38, 40, 88, 92, 102, 103, 105, 125, 138
감나무 96, 98, 100, 113, 125, 138
감자 41
감탕나무 114, 138
개잎갈나무 96
겨우살이 83
고욤나무 113
고추 23, 24, 42, 90
구골나무 42
구골목서 42, 114
귤나무 102, 105, 122, 123
그을음병 47, 86, **88**, 91, 102
금목서 **47**, **99**
꽃사과 101
꽃치자 116, 117

### ㄴ

나한송 138
낙상홍 101
남천 92, 130
노각나무 94, 96
노박덩굴 125
녹나무 74, 96, 98, **99**
느티나무 **89**, 100

### ㄷ

단풍나무 96, 98, 122
당근 29, 104
도깨비집병 108, **110**
돈나무 **88**
돌외 41
동백나무 94, 96, 118
딜 104

때죽나무 88

### ㄹ

라벤더 107
레이스플라워 104
로즈메리 107
루콜라 107

### ㅁ

마늘 23, 24, 25, 90, 93, 96, 107, 118, 120, 137, 140
마취목 42, 125
만병초류 114, 132, 133, 134, 136, 137
매실나무 42, **43**, **88**, 96, 97, 98, 100, 101, 121
매화오리나무 97
먼나무 **92**
모란 92
무화과나무 122, 123
미국산딸나무 36, 100
미나리 104
민트 130

### ㅂ

배나무 100, 101, 140
배롱나무 36, **37**
배추과 107, 108, 132
버드나무 123, 130
벚나무 44, 66, 96, 97, 98, 100, 101, 108, 109, 121, 141
복수초 64
복숭아나무 43, 100, 101
부추 29, 90
붉은별무늬병 **100**, 101
브로콜리 107, 108
비파나무 94, 101
뽕나무 43, 130

## ㅅ

사철나무 36, 112, 130
산당화 96, 97, 101
살구나무 101, 109, 110
삼나무 96, 97
상수리나무 42, 126
생강 90
서양수수꽃다리 96
석류나무 122
셀러리 107
소나무 46, 47, 97, 124, 140
소송채 107
수국 120, **121**
순무 107
신선초 104

## ㅇ

아까시나무 96
아벨리아 88
아왜나무 139, **139**
애기동백나무 48, 57, 94, 96
양배추 107, 135
영국회양목 111, **111**
영산홍류 132, 133, 134, 136
영귤나무 82, 102, 105
예덕나무 125
왕벚나무 108, 110
왕자색철쭉 132, **133**, **136**
유자나무 102, 105
은행나무 114
잎오갈병 86, **88**

## ㅈ

자귀나무 125
작약 92
장미 44, 57, 86, 92, 134, **135**
장미과 96, 100, 101
제라늄 107
제비꽃 64, **65**
종가시나무 125
죽절초 **84**

## ㅊ

차나무 43, 94, 96, 138
참나무류 123, 140
참빗살나무 125
참소리쟁이 132, 135
청경채 107
초피나무 102, 105
치자나무 98, 116, **117**
칸나 114

## ㅋ

코스모스 38
콜리플라워 107

## ㅌ

탱자나무 102
토마토 41

## ㅍ

파드득나물 104, 135
파슬리 104, 135
편백나무 96, 97
풍년화 97
풍접초 107
플라타너스 122

## ㅎ

하늘타리류 41
한국회양목 111
한련 90
해당 92, 101
해바라기 114
향나무 **100**, 101
호두나무 44, 96
화백나무 96, 97
화살나무 125
회양목 81, 111
회향 104
후피향나무 **138**, **139**
흰가루병 36, 37

● EPILOGUE

지구상에 있는 모든 생물의 70%가 곤충이다. 그런 이유로 지구를 〈벌레 행성〉이라고 부르는 사람도 있다. 정원에서 중요한 부분을 차지하고 있는 벌레에게 좀 더 관심을 가졌으면 하는 마음으로 이 책을 썼다.

그러나 정원사인 우리는 벌레의 이름을 제대로 알고, 용어를 이해하는 일이 너무 어려워서 도중에 몇 번씩 포기하려고 했다. 그럴 때마다 우리를 격려하고 많은 지원과 조언뿐만 아니라 사진까지 제공해 준 벌레 친구 사토 코이치. 벌레를 알아보는 능력을 키우도록 도와준 벌레 스승인 작가이자 일러스트레이터 모리구치 미츠루, 아파트의 공동녹지 관리를 무농약으로 실천하고 있고 귀중한 사진을 많이 빌린 아마다 마코토, 사진가 이자와 마사나, 자연농법을 실천하고 있는 미타 쓰네요시, 사에코 부부, 미니코미 편집자 하마다 히카리, 정원사 이토 유키오께도 우리가 미처 찍지 못한 사진을 빌렸다. 이 분들의 도움이 없었다면 책을 출판할 수 없었을 것이다. 진심으로 감사하는 마음을 전한다.

많은 벌레들을 보고 때로는 놀라고, 때론 웃으면서 위로를 받기도 했다. 살아 있는 생물은 모두 서로가 연결되어 있다는 것, 벌레에게 자연의 소중한 의미를 많이 배울 수 있었다는 것에도 감사한다. 식물과, 벌레와, 사람. 모두 함께 살아가는 정원이 점점 더 늘어나기를 바란다.

2008년 3월
히키치 도시 · 히키치 요시하루

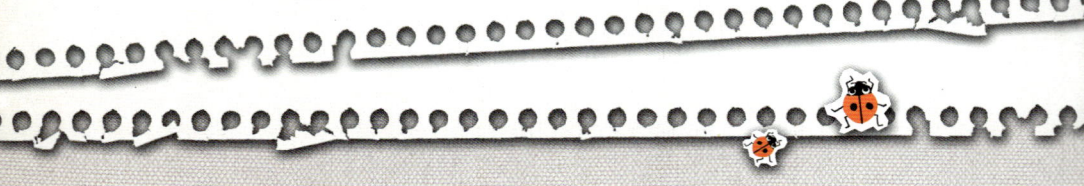

# Hikichi Garden Service

개인정원 전문으로 부부 둘이서 농약을 사용하지 않는 병충해 대책을 실천하는 등 자연환경을 배려한 정원 가꾸기와 보수·유지 작업을 하고 있다. 인공이 아닌 자연 소재를 살린 안전하고 사용하기 편리한 정원, 장애인이나 고령자도 쉽게 이용할 수 있도록 장벽을 제거한 배리어프리(barrier free) 정원, 자연을 이용한 순환형 정원 가꾸기 등을 제안하여 실천하고 있다.

2005년 〈NPO법인일본유기농정원협회(JOGA)〉'를 설립하여 대표이사와 이사를 맡고 있다. 개인 정원에서부터 환경보호를 시작해야 한다는 생각을 널리 전하기 위해서 〈유기농 농약(자연 농약) 만드는 법〉이나 〈정원 속 작은 생태계의 소중함〉을 알리는 강연회를 열고, 잡지나 신문 등에 기사를 쓰고 있다. 주요 저서로『오가닉 가든 북』,『무농약으로 정원 가꾸기』등이 있다.

## 저자

### Hikichi Garden Service

**글_ 히키치 도시**
1958년 가나가와[神奈川] 현 쓰루마치[鶴町] 출생. 정원사인 남편을 내조하는 일에 만족하지 않고, '높은 곳, 흙투성이 환경, 벌레'라는 정원 일의 어려움에도 불구하고 용감하게 현장에 나와 오늘에 이르렀다. 무농약으로 정원을 가꾸는 일을 계속하기 위해서는 싫어하는 벌레에 대해 잘 알아야겠다는 생각으로 조사하고 관찰하는 동안 흥미로운 벌레 세계에 푹 빠져서 결국은 이 책을 쓰게 되었다. 그리고 점점 더 정원 일의 참된 즐거움에 빠져 들고 있다.

**그림_ 히키치 요시하루**
1956년 도쿄[東京]도 다치카와[立川]시 출생. 어릴 때부터 시간만 나면 광고지 뒤에 그림을 그렸다. 옛날부터 디자인과 관련된 일에 관심을 가졌지만 목공업, 통나무집 짓는 일을 거쳐 전문적인 정원사가 되었다. 일본생태계보호협회 비오톱(biotope) 시공관리사 2급. 토목시공관리사 2급.

## 번역·감수자

### 김현정

동아대학교 원예학과를 졸업하고 일본 니가타[新潟]국립대학 원예학 석사·박사 취득. 건국대학교 원예학과 박사후 연구원, 학부 및 대학원 강사를 거쳐 부산 경상대 플로리스트학과 겸임교수, 인천문예전문학교 식공간연출학부 플라워디자인과 교수 역임. 현재 푸르네 정원학교 주임교수.

MUSHI TO ISSHO NI NIWA DUKURI-ORGANIC GARDEN HANDBOOK
by Hikichi Garden Service
Copyright ⓒ Hikichi Garden Service 2008
All rights reserved.
First published in Japan by TSUKIJI-SHOKAN, Tokyo.
This Korean edition published by arrangement with TSUKIJI-SHOKAN, Tokyo
in care of Tuttle-Mori Agency, Inc., Tokyo through Enters Korea Co., Ltd., Seoul.
Korean translation rights ⓒ 2011 Donghak Publishing Co.

이 책의 한국어판 저작권은 (주)엔터스코리아를 통한
일본의 TSUKIJI-SHOKAN과의 독점 계약으로 동학사(그린홈)가 소유합니다.
저작권법에 의하여 한국 내에서 보호를 받는 저작물이므로
무단전재와 무단복제를 금합니다.

유기농정원 핸드북

# 벌레가 살고 있는
# 유기농정원 만들기
ORGANIC GARDEN HANDBOOK

펴낸이 | 유재영
펴낸곳 | 동학사
저　자 | 히키치 가든 서비스

기　획 | 이화진
편　집 | 박선희
디자인 | 문정혜

1판 1쇄 | 2011년 3월 14일
출판등록 | 1987년 11월 27일 제10-149
주소 | 121-884 서울 마포구 합정동 359-19
전화 | 324-6130, 324-6131
팩스 | 324-6135

E-메일 | dhak1@paran.com
　　　　dhsbook@hanmail.net
홈페이지 | www.donghaksa.co.kr
　　　　　www.green-home.co.kr

ISBN 978-89-7190-337-7  13480
● 잘못된 책은 바꾸어 드립니다.

Green Home은 취미·실용서를 출간하는 도서출판 동학사의 디비전입니다.